dtv

Jenny Baronesse von Westphalen, geboren 1814 in Trier, gilt als das schönste und scharfsinnigste Mädchen der Stadt. Sie verliebt sich in den mittellosen, charismatischen Karl, den Sohn der befreundeten Familie Marx. 1843 heiraten sie, müssen ob der »staatsgefährdenden« Ideen Karls alsbald ins Exil nach Paris und lassen sich 1849 schließlich in London nieder, wo sich Friedrich Engels dem inzwischen kinderreichen Paar hinzugesellt. Karl schreibt unausgesetzt an seinem Lebenswerk, bringt finanziell jedoch nichts zustande, und Jenny Marx ist mit der täglichen Plackerei im großen Haushalt zwischen Kindern, Mann und Freund beschäftigt. Diese romanhafte, brillant geschriebene Biographie ist getragen von viel weiblicher Sympathie für eine außergewöhnliche Frau.

Françoise Giroud war Ministerin unter Giscard d'Estaing und Mitherausgeberin von »L'Express«. Heute ist sie freie Autorin und Journalistin. Zahlreiche Buchpublikationen, darunter auf deutsch ein philosophisches Streitgespräch »Die Männer und die Frauen« (mit Bernard-Henry Lévy, 1994), die Biographie »Alma Mahler oder die Kunst geliebt zu werden« (1995) und ihre autobiographischen Aufzeichnungen »Lehrreiche Lektionen« (1996). Françoise Giroud lebt in Paris.

Françoise Giroud

Das Leben der Jenny Marx

Aus dem Französischen von
Sylvia Koch

Deutscher Taschenbuch Verlag

Ungekürzte Ausgabe
Juli 1997
Deutscher Taschenbuch Verlag GmbH & Co. KG, München
© 1992 Editions Robert Laffont, S.A., Paris
Titel der französischen Originalausgabe:
Jenny Marx ou la femme du diable
Der im Anhang abgedruckte Artikel »Eine erstaunliche Verwechslung«,
© Boris Rudjak, Moskau, ist in der französischen Originalausgabe nicht
berücksichtigt.
© der deutschsprachigen Ausgabe:
1994 Quadriga Verlag, Weinheim, Berlin
unter dem Titel: Trio Infernale oder Das Leben der Jenny Marx
(ISBN 3-88679-230-7)
Umschlagkonzept: Balk & Brumshagen
Umschlagbild: Jenny von Westphalen, Ehefrau von Karl Marx
(© Ullstein Bilderdienst, Berlin)
Satz: Fotosatz Horst Kopietz, 69502 Hemsbach
Druck und Bindung: C. H. Beck'sche Buchdruckerei, Nördlingen
Gedruckt auf säurefreiem, chlorfrei gebleichtem Papier
Printed in Germany · ISBN 3-423-30632-7

*»Die Revolution wird kommen,
aber es besteht kein Grund,
den Freuden des Lebens zu entsagen...«*
(Stendhal)

INHALT

1
EIN ZERBROCHENES IDOL
Seite 9

2
VON KOPF BIS FUSS VERLIEBT
Seite 15

3
DAS SCHÖNE LEBEN IN PARIS
Seite 47

4
DAS MANIFEST
Seite 63

5
DAS FORT
Seite 83

6
LONDON ODER DIE HÖLLE
Seite 91

7

MADAME, ICH LIEBE SIE

Seite 109

8

ALLEIN DAS GESCHÄFT IST GRÜN...

Seite 131

9

UND JETZT WIRD ZUM BALL EINGELADEN!

Seite 143

10

»FADAISE«, »SCHEISSE«, »L'IDÉALISME RUSSE«...

Seite 163

11

»ICH HABE KEINE KRAFT MEHR...«

Seite 181

12

DAS ERSTE UND WILLIGE OPFER

Seite 191

ANMERKUNGEN

Seite 199

ANHANG

EINE ERSTAUNLICHE VERWECHSLUNG

Seite 207

1

EIN ZERBROCHENES IDOL

Dieser elegante alte Herr, recht groß, mit breiten Schultern, grauem Bart, Monokel am rechten Auge, der einsam in den Gärten von Monte Carlo umherzieht, den Kopf eines Kindes streichelt, der Operette »Die Großherzogin von Gerolstein« Beifall klatscht, einen Jeton auf den grünen Filz des Roulettetisches wirft, dieser alte Herr ist Karl Marx. Der Teufel in Person.

Er ist nicht sehr alt, erst vierundsechzig Jahre. Aber er leidet unter chronischen Schmerzen: Furunkulose, Lungenabszeß, Lebererkrankung und Schlafstörung plagen ihn. Also zieht er von Kurort zu Kurort, um sich Erleichterung zu verschaffen.

In jenem Sommer 1882 macht er sich über seinen Gesundheitszustand keine Illusion mehr. Doktor Kunemann, den er auf Empfehlen seines Hausarztes in Monte Carlo aufgesucht hat, hat eine sehr pessimistische Diagnose gestellt, selbst seinen Töchtern will er sie nicht mitteilen. Doktor Kunemann – ein Philister, wie Marx, der gern dieses Schimpfwort gebraucht, ihn nennt – hat ihm empfohlen, »so wenig wie möglich zu denken«.

Von Monte Carlo aus fährt Marx nach Enghien in der Nähe von Paris und dann in die Schweiz, um eine Wasserkur zu machen, bevor er nach London zurückkehrt. Seit dem Tod seiner Frau Jenny vor einigen Monaten ist er tief erschüttert. Er irrt umher. Er, dieser sonst so aktive Mensch, arbeitet sogar nicht mehr.

Als Jenny stirbt, sagt Engels: »Jetzt ist auch er gestorben.« Und wer kann es besser wissen als dieser alte Komplize?

Bald wird er mit ihr wieder zusammensein, für immer, in der ewigen Ruhe des Friedhofs von Highgate. An jenem Tag im März 1883 werden keine zwanzig Leute bei seiner Beerdigung anwesend sein.

Wenn der Ruhm jemals posthum kam, dann seiner.

Jenny und Karl Marx waren achtunddreißig Jahre verheiratet. Eine lange Zeit, und sie war nicht unbedingt mit Rosen gepflastert. Es war aber Liebe, eine Liebe fürchterlicher Art, die eine Frau an ein Genie kettet.

Heute ist das Idol zerbrochen. Der Marxismus als Ersatz für das ewige Bedürfnis des Menschen zu glauben ist keine Alternative mehr. Als Methode der gesellschaftlichen Organisation hat er sich disqualifiziert. In vierundsiebzig Jahren praktischer Anwendung ist keines seiner Ziele erreicht worden, er hat denjenigen, die ihm ausgesetzt waren, weder Wohlbefinden, noch Ehre, noch Freiheit gebracht, und das ist noch milde ausgedrückt. Als Untersuchungsmethode oder als Instrument für die Analyse gesellschaftlicher Verhältnisse bleibt er jedoch ein Meisterwerk, von einem mächtigen Geist geschaffen, der eine gigantische Masse von Fakten verarbeitet und eine wissenschaftliche Geschichte der Menschheit entworfen hat. Wie funktioniert nun die Geschichte seitdem? Marx selbst liefert die Antwort. Nicht mehr und nicht weniger.

Dieses Werk hat sich von Jennys Blut genährt. Manchmal hat sie es auch satt gehabt. Sie hat geschrien: »Ich würde lieber sterben, als weiter so zu leben!« Sie ist in Tränen ausgebrochen. Karl hat gesagt: »Du hast recht. Ich verstehe dich; du bist ja diejenige, die alles aushält...«

Er respektiert sie zutiefst, auch wenn sie in Wut gerät. Er zwingt sich dazu, Ruhe zu bewahren, obwohl er – wie er selber von sich sagt – von Natur aus nicht der geduldigste Mensch sei. Schließlich beruhigt sie sich immer wieder.

Sie kann natürlich nicht ahnen, daß Marx zu einer Kultfigur werden wird, dessen Worte auf dreiviertel des Planeten Ehrfurcht hervorrufen. Jenny kann sich den späteren Ruhm ihres Mannes nicht einmal in ihrer Phantasie ausmalen. Nur die Gründer der großen Religionen haben ihn gekannt – doch mit einem einzigen Unterschied: Marx verkündet nicht im Namen Gottes. Er prophezeit im Gegenteil, daß allein der Mensch den Menschen schafft, den Menschen erzeugt. Und mit ungeheurem Optimismus verspricht er das Himmelreich auf Erden. Nach der Revolution.

Jenny kann sich nicht vorstellen, daß in seinem Namen barbarische Systeme errichtet werden würden, von denen er selbst keine Ahnung hatte. Sie weiß nur, daß ihr Mann eine außergewöhnliche intellektuelle Fähigkeit besitzt, die er in den Dienst der in ihren Augen gerechtesten Sache der Welt stellt: der Sache des Proletariats. Jenny und Karl Marx haben sich zusammen verdammt.

In den tragischsten Situationen ihres Zusammenlebens wirft Jenny ihm nie vor, unfähig zu sein, für das Familienleben aufzukommen. Sie akzeptiert – allerdings nicht ohne Widerwillen –, daß er von verschiedenen Leuten finanziell unterstützt wird, denn schließlich schuldet »man« ihm doch, was er für seinen Lebensunterhalt braucht. »Die Welt schuldet mir, was ich brauche«, sagte ein anderes Ungeheuer, sein Zeitgenosse Wagner. Und das ist nicht wenig! Denn der Kerl liebt, was gut ist und schön, die schönen Orte, die noblen Weine, schmackhafte Zigarren. Unabhängig davon, über wieviel Geld er verfügt, gibt er immer mehr aus als er hat: dieses Verhalten wird er sein Leben lang beibehalten.

Marx ist überhaupt nicht der sentimentale Sozialist, der angesichts der Leiden der Arbeiterklasse Gewissensbisse empfinden würde. Er hat nie das Haus einer Arbeiterfamilie wirklich betreten. Im allgemeinen ist ihm Mitleid fremd. Außerdem ist er ein purer Intellektueller. Der sentimentale Sozialismus einiger seiner Zeitgenossen – des braven Proudhons zum Beispiel, der mit sich selbst ach so zufrieden war! – läßt ihn nur grinsen. Er betrachtet die Arbeiterklasse in ihrer Gesamtheit und nur unter dem Gesichtspunkt des revolutionären Kampfes, den sie führen muß, um sich die Produktionsmittel anzueignen.

Bis dieser Tag kommt, dessen Vorzeichen er überall wittert, wird sein Leben eine ewige Treibjagd hinter einem fliehenden Wild sein: dem Geld. Gesammelt, geliehen, manchmal geerbt, selten verdient und wenn, dann kümmerlich mit Artikeln und Büchern, immer darum bemüht, hier erhalten, dort wieder weggenommen, wird das Geld oder vielmehr das fehlende Geld im Zentrum seiner Existenz und seiner Korrespondenz stehen.

Anstatt »Das Kapital« zu schreiben, sollte er es lieber herschaffen, pflegte seine Mutter zu sagen, während sie ihre versteckten Ersparnisse gegen diesen fürchterlichen Sohn energisch verteidigte – sie hatte fünf Töchter, für deren Aussteuer sie sorgen mußte.

Jenny hat oft geweint, bis zum Nervenzusammenbruch. Sie hat dieses grausame Leben oft zum Teufel gewünscht. Aber nie hat sie ihren Mann dafür verantwortlich gemacht – vielleicht nur im Tiefsten ihres Herzens. Diese beiden haben sich wirklich geliebt.

Und dann gab es den anderen, jenen Nagel in Jennys Schuh, der Engels hieß.

Wer war nun diese Figur, deren Name mit dem von Marx untrennbar verbunden ist? Man könnte sich eine kleine, graue, blasse Figur im Schatten des großen Meisters, eine Art entzückten »Gehilfen« vorstellen. Das war er überhaupt nicht. Friedrich Engels ist ein schöner blonder Rheinländer, elegant, lässig, brillant, scharfsinnig, in zwanzig Sprachen stotternd, wenn er sich ereifert, ein Liebhaber der guten Küche, der guten Weine und der schönen Frauen. Ein Bonvivant.

Da sein Vater, ein rheinischer Pietist, in Manchester an einer Spinnerei beteiligt war, lebte Friedrich Engels mit einundzwanzig Jahren in der größten Industriestadt der Welt mit ihren tausend Fabriken, in denen ein Drittel der Beschäftigten Kinder waren. Was der junge Angestellte in jenem Großbritannien, das als erstes Land der Welt die Industriegesellschaft hervorgebracht hat, sah, wird er nie vergessen. Er verläßt die Firma »Ermen und Engels« und schreibt für die deutsche Presse, um die Schrecken des Kapitalismus anzuprangern. Er schreibt eine unglaubliche Reportage – im Stil Zolas, aber nicht in Romanform – unter dem Titel »Die Lage der arbeitenden Klasse in England«[1], die 1845 erscheint und das erste große Werk des Marxismus sein wird.

Nichtsdestotrotz bleibt er ein Pragmatiker. Als er feststellt, daß er von seiner Feder nicht leben kann, kehrt er ins Vaterhaus zurück, wo er sich als ausgezeichneter Kaufmann entpuppt.

Marx ist das Objekt seiner Leidenschaft. Engels liebt ihn einfach, man kann es nicht anders sagen.

Mehrere Bände Briefwechsel zwischen den beiden Männern, die erst drei- bzw. sechsundzwanzig Jahre alt sind, als sie sich kennenlernen, zeugen für ihr intellektuelles Einverständnis, die Intimität ihrer Beziehung und dafür, wie sehr sie einander über die Jahre hinweg brauchten. Zum Glück trennten sie dreihundert Kilometer – einer war in London, während der andere in Manchester arbeitete. Sonst wäre Engels jeden Morgen zum Frühstück erschienen. Und wer weiß, ob Jenny nicht eines Tages Rattengift in seinen Kaffee gegossen hätte?

Denn derjenige, den sie ganz förmlich den »Herrn Engels« nannte, während Marx ihn duzte, war ihr größter Rivale. Er tötet ihr den letzten Nerv. Aber sie weiß, daß Marx ohne ihn nicht leben kann. Also duldet sie ihn, obwohl sie seinen »schlechten Einfluß« bedauert, und damit die Abende meint, bei denen sich die beiden Männer zusammen betrinken.

Gehen sie davor oder danach ins Bordell? Shocking! Dieser Gedanke kann Jenny Marx unmöglich in den Sinn kommen. Und wenn, dann unterdrückt sie ihn sofort.

Aber es ist Zeit, von ihrer Herkunft zu erzählen – sie stammt aus bestem aristokratischem Hause.

2

VON KOPF BIS FUSS VERLIEBT

Mit sechzehn Jahren ist Jenny, Baronin von Westphalen, eine sublime Schönheit. Das schönste Mädchen von Trier, eine stolze Brünette mit grünen Augen, perfekter Gesichtsform und dem Teint einer Tuberose. Gleichzeitig witzig, scharfsinnig, von beißender Ironie...

Als der Dichter Heinrich Heine sie später in Paris kennenlernt, sagt er über sie: »Sie ist zauberhaft...« Und die ganze kleine Gruppe, die damals bei Marx ein- und ausgeht, stimmt bei: »bezaubernd!«

Sie ist 1814 geboren, genau ein Jahr vor Waterloo. Es war das Jahr, als Preußen, das durch die Angliederung der nördlichen Teile Sachsens, des Rheinlandes und Westfalens größer geworden war, die Hauptmacht des Deutschen Bundes wurde. Sie ist in Trier aufgewachsen.

Man weiß nicht genau, welche Schule sie besuchte, sicherlich die beste, denn ihr Vater achtete sehr darauf. Er selbst hat ihr Englisch beigebracht. Mit vierzehn Jahren wurde sie, ihre Familie ist evangelisch, konfirmiert. Ihr Konfirmationsvers, den man sich für den Tag der Konfirmation als Spruch aussucht, lautete: »Ich lebe, doch nun nicht ich, sondern Christus lebt in mir...«[2] Aber der religiöse Glaube wird sie bald verlassen. Ihr einziger Gott wird ihr Mann sein.

Trier ist keine Hauptstadt, sondern nur eine mittlere

Stadt an der Mosel mit zwölftausend, meist katholischen Einwohnern, von der Industrialisierung noch unberührt, von Weinbergen umsäumt – die guten Moselweine sind ihr Reichtum –, mit Gärten übersät, vielen römischen Ruinen geschmückt und durch zwei Jahrzehnte französischer Verwaltung – unter der Revolution und dem Kaiserreich – stark geprägt.

Die Straßen sind eng und schlecht bepflastert, überfüllt von den Handwerkern, die vor ihren Häusern arbeiten. Aber die Trierer Bourgeoisie macht groß in Kultur. Zugegeben, sie hat auch was zu bieten: die Oper ist in Trier berühmt, das Theater ausgezeichnet, man spielt Goethe, Racine, Shakespeare, man trägt Gedichte von Homer vor.

Das soziale Leben wird intensiv gefördert durch das Kasino – eine Art Klub, dem alle angesehenen Persönlichkeiten der Stadt angehören, Offiziere, Beamte, vornehme Bürger.

Dort wird diskutiert, manchmal sogar sehr ernst, aber man veranstaltet auch Bälle, man organisiert Feste, man ruft die ältesten rheinischen Faschingstraditionen wieder ins Leben.

Der Regierungsrat Ludwig von Westphalen, Jennys Vater, ist selbstverständlich auch Mitglied dieser Kasino-Gesellschaft. Dieser tolerante Liberale, der vornehm aussieht, gehört zu jenen deutschen Beamten, die die politischen Umwälzungen ertragen mußten, die der Sieg und dann der Rückzug der Armeen Napoleons verursacht haben. Er hat sich durchlaviert, so gut er konnte. Er laviert sich weiter durch, genießt aber kein hohes Ansehen bei seinen Vorgesetzten, weil er die erzreaktionäre Politik der Regierung verabscheut. Und natürlich spricht sich das herum.

Als Witwer und Vater von vier Kindern ist er wiederverheiratet mit einer kleinbürgerlichen, energischen und liebenswürdigen Frau. Mit Caroline Heubel, die die Mutter von Jenny sein wird. Und sofort wird sich Caroline standesgemäß verhalten. Sie empfängt gern Gäste: sie hat einen literarischen Salon und lädt vornehme Persönlichkeiten aus Berlin, die sich gerade in Trier aufhalten, des öfteren zum Abendessen ein. Die Familie Westphalen ist in Trier die Crème der Gesellschaft. Die evangelische Crème. Man hat nicht wirklich ein Vermögen, man lebt von dem komfortablen Gehalt des Vaters, die Söhne werden früh zum Kadettenkorps geschickt, aber man gehört zum Adel.

Jennys Großmutter, Jeanie Wishart of Pittarow, stammt aus einer berühmten schottischen Familie, den Grafen von Argyll. Man weiß nicht genau, ob es sich um den zweiten oder den achten Grafen handelte, der auf Befehl von Karl II. hingerichtet wurde, aber Marx hatte sich den achten angeeignet und verpaßte keine Gelegenheit, diesen zum Tode verurteilten Vorfahren für seine Frau geltend zu machen.

Was Jennys Großvater betrifft, Philip von Westphalen, wurde er in Anerkennung seiner Dienste während des Siebenjährigen Krieges 1764 in den Adelsstand erhoben.

Auch der Vater von Karl Marx ist Mitglied der Kasino-Gesellschaft. Er ist jedoch Jude. Die Erklärung dafür, wie er als solcher Rechtsanwalt, Justizberater und Präsident der Anwaltskammer sein konnte, ist ganz einfach: Aus praktischen Gründen bekehrte er sich zur evangelischen Religion. Er holte sich den »Taufschein«, wie Heinrich Heine, der damals selber konvertiert war, es ausdrückte, als »Eintrittsbillett zur europäischen Kultur«[3]. Solche Konvertierungen aus gesellschaftlicher Konvention waren damals an der Tagesordnung und wurden um 1810 herum durch Friedrich Wilhelm III. stark unterstützt.

Heinrich Marx hat zunächst um das Recht auf Ausübung seines Berufes als Rechtsanwalt ersucht, ohne seinem Glauben abzuschwören. Unter der französischen Verwaltung hätte sich diese Frage nicht gestellt. Napoleon hatte die Gleichheit von Rechten und Pflichten für Juden und andere Bürger eingeführt. Aber im Jahre 1815 ist Trier in die Herrschaft Preußens übergegangen, und Berlin hat neue Verbote erlassen. Trotz des guten Rufes von Heinrich Marx wird dessen Klage also abgewiesen.

Er hat eigentlich keine Religion, er glaubt zwar an Gott, ist aber Agnostiker und verdankt seine philosophische Bildung Denkern wie Voltaire, Rousseau, Locke, Lessing, Leibniz... Warum sollte er also ablehnen, was man von ihm verlangt? Er fügt sich, er kommt damit klar. Seine Frau, eine Holländerin, sträubt sich zunächst dagegen. Wie dem auch sei. Die sieben Kinder von Marx werden evangelisch getauft. Karl wird mit sechzehn Jahren konfirmiert.

Der Baron von Westphalen und Heinrich Marx halten die besten Beziehungen. Der erste zieht den anderen oft zu Rate, da er für die Beaufsichtigung der Gefängnisse zuständig und mit vielen kleinen Straffälligen wie Wild- oder Holzdieben konfrontiert ist, denn in Trier herrscht große Armut.

Die beiden Männer sind etwa gleich alt und schätzen sich gegenseitig. In gleicher Weise überzeugt von den Ideen der Aufklärung, von der französischen Kultur durchdrungen, befinden sie sich in derselben ambivalenten Haltung gegenüber der preußischen Monarchie, der sie ergeben sind, obwohl sie ihre Politik beklagen; beide besitzen, jedoch ohne Maßlosigkeit, einen gewissen Widerspruchsgeist im Rahmen der Aktivitäten der Kasino-Gesellschaft.

Ihre jeweiligen Frauen pflegen untereinander formale Beziehungen. Aber unter ihrer ganzen Kinderschar haben sich Freundschaften entwickelt. Zwischen Jenny und Sophie, der älteren Schwester Karls. Zwischen Karl und Edgar, dem jungen Bruder Jennys, der sein Mitschüler am Gymnasium ist. Die beiden Jungen können voneinander nicht lassen.

Jenny ist vier Jahre älter als die Jungen. Und mit zwölf oder fünfzehn zählen vier Jahre sehr viel. Aber das Kind Marx mit seinem dunklen Blick ist bereits ein Tyrann mit schwarzen Locken, wild, frech. Edgar gehorcht ihm blind – auch in Zukunft wird es so bleiben. Und schon als Zehnjähriger erträgt Marx keinen Widerspruch.

Jennys Vater, ein feinfühliger Mann, der seinen Sprößlingen viel Aufmerksamkeit schenkt, geht gern mit der ganzen Schar von Kindern spazieren und bemüht sich dabei, ihnen geistige Anregungen zu geben.

Die Fragen des jungen Marx, die mit Intelligenz und Schärfe formuliert werden, begeistern ihn. Wie blaß wirkt Edgar neben seinem Kameraden... Westphalen trägt ihnen berühmte Texte vor, er kann Homer und Shakespeare auswendig, oder er unterhält sich mit ihnen zum Beispiel über die französische Revolution, die noch nicht so lange her ist. Sie ist seiner Meinung nach eine bedauernswerte Episode, nicht weil man den König einen Kopf kürzer gemacht hat, sondern weil sie zur Schreckensherrschaft und zur Diktatur Napoleons geführt hat. Als überzeugter Saint-Simonist erklärt er den aufmerksam zuhörenden Jugendlichen, daß die soziale Gerechtigkeit zwingend notwendig ist, daß man sie aber mit anderen Mitteln erreichen

19

soll als durch die Revolution: Die Gesellschaft sei verpflichtet, jedem Arbeit zu geben und ein Minimum an Einkommen zu garantieren, sei es durch die Einschränkung des Privateigentums und des Erbrechtes – die Müßiggänger müssen beiseite geschoben werden... Jenny bejaht leidenschaftlich die im Grunde genommen subversiven Äußerungen ihres Vaters, Karl ist sehr beeindruckt. Er empfindet einen tiefen Respekt für Westphalen, mehr noch... Dieser Aristokrat mit fortschrittlichen Ideen ist offensichtlich der Vater seiner Wahl. Ihm wird er auch später seine Dissertation mit folgenden Worten widmen: »Sie, mein väterlicher Freund, waren mir stets ein lebendiges argumentum ad oculos (ein sichtbarer Beweis), daß der Idealismus keine Einbildung, sondern eine Wahrheit ist.«[4]

Karl ist ein herrischer zwölf- oder dreizehnjähriger Junge, als die siebzehnjährige Jenny bereits der Liebling der Trierer Salons ist, die »Ballkönigin«, die Heroine der Gartenfeste. Ein sehr angenehmer Erfolg. Ihre Mutter, eine nette und gute Frau, freut sich darüber. Ihr Vater beobachtet mit mißtrauischer Nachsicht den Tanz der Bewunderer um seine Lieblingstochter. Und schon ist es geschehen: sie hat ihr Herz und ihre Hand einem schönen Offizier versprochen, Karl von Pannewitz. Sie hat eine ganze Nacht mit ihm Walzer getanzt, und er hat gesagt: »Ich würde der glücklichste aller Männer sein, wenn Sie meine Frau werden wollten...« Sie hat ganz einfach ja gesagt. Und sie hat ihren Eltern die gute Nachricht mitgeteilt. Ihre Mutter ist begeistert. Pannewitz sieht vornehm aus und stammt aus einer guten Familie. Der Vater ist eher zögernd: Jenny ist noch zu jung, um zu heiraten... Pannewitz hat seine Militärkarriere gerade erst begonnen...

Aus undurchsichtigen Gründen ist auch Ferdinand, Jennys Halbbruder, älter als sie, gegen diese Hochzeit. Er mag Jenny nicht, was auf Gegenseitigkeit beruht. Er ist reaktionär, bigott, selbstgefällig, hat ein Fräulein von Florencourt geheiratet, das gern Zwietracht sät. Im Grunde geht es ihm überhaupt nicht um das Glück oder das Unglück von Jenny, er wird von Ehrgeiz verzehrt und wünscht sich einen Schwager, der ihm nützlich sein könnte.

Er macht übrigens in der preußischen Verwaltung eine Karriere, die so glänzend ist, wie die seines Vaters glanzlos war und wird schließlich 1850 Innenminister von Preußen. Später wird man zu würdigen wissen, daß der Schwager von Karl Marx Innenminister war – aber wir wollen hier nicht vorgreifen.

Also wird bei den Westphalens über die Verlobung Jennys debattiert. Warum diese plötzliche Eile? Wer ist dieser junge Mann wirklich, den man eigentlich nicht so gut kennt? Jenny und ihre Mutter lassen sich nicht beeindrucken. Aber bald muß sich das junge Mädchen den Tatsachen beugen: Karl von Pannewitz kann gut tanzen, kann gut Schlittschuh laufen, kann gut küssen, aber er kann nicht gut, bzw. überhaupt nicht denken! Es gibt kein Thema, bei dem sie nicht in Streit geraten. Dieser nette junge Mann kennt nur Ordnungssinn und Gehorsam, wie es sich für einen Soldaten gebührt, aber mehr hat er in Gesprächen auch nicht zu bieten.

Als Jenny ihm von Hamlet erzählt – »Vor allem dies, Dir selbst sei treu« –, macht er große Augen. Hamlet? Wer ist das? Als sie die Umstände erwähnt, unter denen die Armee in Paris auf das Volk schoß (die Juli-Tage von 1830), versteht er nicht, wo das Problem eigentlich liegt: ein

Soldat schießt, wenn er den Befehl erhält. Jenny, die von den Reden ihres Vaters durchdrungen ist, hat den Eindruck, mit einem Tauben zu sprechen. Einem schönen Tauben zwar, aber einem Tauben. Er wird bald ihre höfliche Ablehnung erfahren, Jenny wird Karl von Pannewitz sagen: »Ich habe mich geirrt. Sie zu heiraten wäre ein Fehler.« Er ist einverstanden. Vielleicht ist er sogar erleichtert. Auf jeden Fall zieht er sich vornehm zurück. Sein Regiment muß die Stadt verlassen. Das erleichtert die Trennung. Jenny wird nicht einmal die Anstandsregeln respektieren müssen, die vorschreiben, daß man sich sechs Monate nach Abbruch einer Verlobung in der Gesellschaft nicht blicken lassen darf...

Der Baron von Westphalen freut sich über die Entscheidung seiner Tochter. Und Jenny feiert ihren achtzehnten Geburtstag, umgeben von dem kleinen Hof, der sich neu um sie versammelt. Allerdings nimmt sie sich fest vor, in Zukunft vorsichtiger zu sein.

Wie die ganze deutsche Jugend von damals ist Jenny eine Romantikerin. Der Sturm und Drang, diese literarische Bewegung, die als Reaktion auf den Rationalismus entstanden ist, hat seine Wirkung getan. Und wie alle Jugendlichen damals spielt Jenny mit der Idee der Revolution. Überall brodeln die Geister. Heiße Diskussionen finden zwischen Westphalen und Hugo Wyttenbach statt, dem Direktor des Gymnasiums und Geschichtslehrer von Karl und Edgar; Jenny mischt sich leidenschaftlich ein, Sophie ist verwirrt... Man trifft sich bei den Westphalens, man genießt zusammen Erfrischungen und baut die Welt wieder auf. Wyttenbach, dem vorgeworfen wird, Materialismus und Atheismus in seinem Unterricht zu propagieren, steht kurz vor der Entlassung. Die jungen Leute, die ihren Lehrer bewundern, sind entsetzt.

Als am 27. Mai 1832 dreißigtausend junge Deutsche in Hambach in der Pfalz unter der Parole »Einigkeit und Freiheit« demonstrieren, unterstützen Karl, Jenny und Edgar vom ganzen Herzen diese Forderung. Deutschland ist damals ein Mosaik von sechsunddreißig Kleinstaaten, Herzogtümern, Fürstentümern und freien Städten, hinzu kommt das große Stück, das Preußen zufällt, dessen Hauptstadt Berlin ist. – Die Veranstalter der Demonstration werden sofort von der Polizei verhaftet, die Presse- und Versammlungsfreiheit wird abgeschafft.

Jenny und die jungen Männer machen sich Vorwürfe, daß sie nicht bei der Versammlung von Hambach dabei gewesen sind. Die Zeit ist reif, davon sind sie überzeugt, für eine neue politische Ordnung in Deutschland – übrigens auch für ganz Europa.

Westphalen versucht, ihre Heftigkeit zu bremsen. Eine Revolution anzuzetteln, ist leicht, sagt er. Aber eine gerechte soziale Ordnung zu schaffen, ist viel schwieriger. Aber sie antworten: Fangen wir mit der Revolution an! Man kann Deutschland in diesem zerstückelten Zustand nicht belassen!

Was von diesen Gesprächen den Spionen aus Berlin zu Ohren kommt, ist nicht ohne verheerende Konsequenzen für die Karriere des Barons von Westphalen. Tatsächlich verdankt er – und das ist ihm höchst unangenehm – der Position seines scheußlichen Sohnes Ferdinand, daß er nicht in den frühzeitigen Ruhestand geschickt worden ist.

Im Oktober 1835 verliert der Baron seinen liebsten Gesprächspartner: Karl Marx, der das Gymnasium beendet hat, ist von seinem Vater in die Universitätsstadt Bonn geschickt worden, dort soll er Jura studieren. Er ist siebzehn Jahre.

Der junge Mann ist weggefahren, schwer beladen mit den ehrgeizigen Plänen, die Heinrich Marx für diesen heißgeliebten Sohn hegt: »Ich möchte«, sagt der Vater, »daß du das wirst, was ich an deiner Stelle geworden wäre, wäre ich unter solch günstigen Bedingungen auf die Welt gekommen wie du.«

Hat man jemals etwas Niederschmetternderes aus dem Mund eines Vaters gehört?

Zum Glück – oder vielleicht leider, es hängt davon ab, wie man die Sache betrachtet – gehört der junge Marx nicht zu der Sorte von Menschen, die sich leicht unter Druck setzen lassen.

Er ist mit dem Schiff erst die Mosel – von Trier nach Koblenz –, dann den Rhein bis Bonn heruntergefahren. Kaum angekommen, hat er ein Zimmer in der Joseph-Straße gemietet, bevor er sich an der Universität immatrikulieren läßt.

Zum ersten Mal seit ihrer Kindheit werden Jenny und Karl Marx mehrere Monate getrennt sein. Als er sich von ihr verabschiedet, verspricht er ihr zu schreiben – hat aber sein Versprechen nicht gehalten.

Er macht in Bonn alle Dummheiten, die man von einem selbstsicheren Siebzehnjährigen nur erwarten kann. Er wird Mitglied eines Dichterkreises und beginnt, mit einem überschwenglichen Lyrismus, Verse vorzutragen, er beteiligt sich an den Aktivitäten eines Studentenvereins, bei denen nächtelang getrunken, gesungen und geprügelt wird. Seine Augenbraue wird aufgeschlagen, er wird zu einem Tag Universitätskarzer wegen Trunkenheit und nächtlicher Ruhestörung verurteilt, er duelliert sich in Köln unter Bedingungen, die nicht geklärt worden sind – es war ein Duell mit Pistolen und nicht mit blanken Waffen, wie es damals Sitte war. Er arbeitet auch. Die griechische Mythologie, die römische Geschichte. Das Jurastudium langweilt ihn. Und er läßt sich den Bart wachsen, einen Bart, den er sich nie wieder rasieren wird.

Und was macht Jenny, während sich Karl in Bonn seine Hörner abstößt? Sie spielt weiterhin die Rolle des »schönsten Mädchens von Trier«, praktiziert diesen emsigen Müßiggang wie alle jungen Frauen ihrer Generation und ihrer sozialen Klasse, sie hilft ihrer Mutter bei all ihren mondänen Aktivitäten. Sie trifft sich oft mit Sophie... Aber der kleine Karl fehlt ihnen sehr!

Am Ende des ersten Studienjahres im August 1836 kommt er zurück. Der kleine Karl ist ein Mann geworden. Ein großer Achtzehnjähriger, kräftig, mit seiner dicken schwarzen Mähne und seinem Vollbart.

Man sagt, er sei häßlich, »der häßlichste Mann unter der Sonne«, so eine Bewohnerin von Trier. Das älteste Photo von ihm zeugt aber nicht davon. Seine kurzsichtigen Augen sind schön, er hat eine hohe Stirn. Er ist nur dunkelhäutig. Er ist von Natur aus so dunkel, daß seine Kommilitonen ihn »den Mohr« nennen werden – diesen Spitznamen wird er sein Leben lang behalten. Sogar von seinen Kindern wird er später so genannt werden. Mohr ... der Mohr... Aber er strahlt in seinem Blick, in seiner Stimme, in seinen Worten solch eine herrische Kraft aus, daß man davon entweder gefesselt ist oder verstimmt. Eine Begegnung mit Marx läßt einen nie unberührt.

Mit zweiundzwanzig Jahren erlebt Jenny die Blütezeit ihrer Schönheit.

Was ist zwischen den beiden jungen Leuten genau geschehen, als sie sich nach zehn Monaten Trennung wiedersahen, als Karl sie im Hause Westphalens abholte, um mit ihr spazieren zu gehen? Es war sicherlich ein Schock für sie. Vorbei die Kindheit. Ein Mann und eine Frau stehen sich gegenüber, begehren einander und entdecken, daß sie füreinander unentbehrlich geworden sind. Sie werden an jenem Tag eine geheime Verlobung schließen.

Vor Freude aufgelöst weiht Karl seinen Vater in das Geheimnis ein. Heinrich Marx mag die kleine Jenny gern, und eine Schwägerschaft mit den Westphalens würde ihm zweifellos schmeicheln. Diese Perspektive ist ihm lieb. Aber Karl ist doch noch so jung und so weit davon entfernt, eine Position zu haben... Heinrich fürchtet die Reaktion der Familie Westphalen.

Auch Jenny hat Angst davor. Sie hat der Triebkraft ihres Herzens gehorcht, die man Liebe nennt. Als sie Karl wiedersieht, weiß sie, daß seine Anwesenheit alle jungen Männer von Trier in Luft auflöst, sie unbedeutend macht. Sie will ihn als Mann haben, leidenschaftlich gern. Aber als Karl im Oktober Trier verläßt, um diesmal an der Universität von Berlin zu studieren, hat Jenny ihrem Vater noch nichts von ihren Plänen erzählt.

Allein Karl befürchtet nichts von seiten der Westphalens. Man muß dazu sagen, daß er immer die Tendenz hatte, die Realitäten nicht wahrhaben zu wollen, die seine konkreten Pläne durchkreuzen könnten – eben auf Grund dieser Tendenz wird er auch zum Beispiel in allen Phasen seines Lebens die Revolution für den nächsten Monat prophezeien, ohne jemals in den Genuß zu kommen, sie zu erleben.

Aber soweit sind wir noch nicht. Eine Zeitspanne von sieben Jahren erstreckt sich vor den jungen Leuten, sieben Jahre halbgeheime Verlobung, sieben Jahre Warten in einer Atmosphäre von glühender Romantik, überschwenglichen Briefen, unterbrochenem Verlangen, übersteigerter Gefühlsschwelgerei. Karl schreibt siebenundfünfzig Sonette und Balladen für seine Schöne, die er ihr über Vater Marx zukommen läßt, denn Jenny, die schon jetzt so genau ist, wie sie es immer sein wird, möchte nicht mit ihm korrespondieren, bevor ihr eigener Vater von der Verlobung unterrichtet ist. Sie legt großen Wert auf die Form, und gleichzeitig ist sie ihrem Vater sehr verbunden. Und sie traut sich nicht, zu sprechen...

Die Poesie von Marx, von der Jenny überschüttet wird, verrät nicht unbedingt die Berufung zum Dichter, aber er ist mit dem Herzen dabei, auch wenn ihm das dichterische Genie fehlt. Man muß hier anmerken, daß die einzigen »literarischen« Werke von Marx, die veröffentlicht worden sind, merkwürdigerweise Gedichte sind, »Der Spielmann« und »Nachtliebe«. Sie sind gleich Null.

Jennys Feder ist leichter, wenn sie Marx antwortet, nachdem sie ihrem Vater endlich ihre Verlobung eingestanden hat.

Leider wird ihre Korrespondenz von einer ihrer Töchter, Laura, später fast vollständig vernichtet. Marx als verliebter, lockerer, romantischer junger Mann ist dem frommen Mädchen offenbar unerträglich gewesen. Sie wollte dieses Bild zerstören. Nur einige Briefe Jennys haben dieses Desaster überlebt.

Es liegt auf der Hand, daß beide junge Leute die langen Jahre nicht in der gleichen psychologischen Verfassung erlebten.

Für ihn ist es wunderbar, von der jungen Baronin von Westphalen geliebt, gewählt, auserkoren zu werden. Man kann sogar behaupten, daß es für ihn immer unfaßbar blieb: seine Frau war in seinen Augen – trotz der ganzen Leiden, die sie miteinander erlebten – mit einem unvergänglichen Glorienschein umgeben.

Mit zwanzig Jahren strahlt er vor Stolz, der Auserwählte zu sein. Auf der anderen Seite gehört Karl zu der Sorte reiner Intellektueller, die aus der Distanz besser lieben als aus der Nähe. Er mag die Vorstellung, die er sich von Jenny macht, lieber als die anwesende Jenny aus Fleisch und Blut. Und er findet so schöne Worte, wenn sie getrennt sind, um ihr seine Liebe kundzutun!

In Berlin mangelt es ihm nicht an Beschäftigungen. Vorbei ist die Zeit der Saufereien, Duelle und Eskapaden. Karl ist in der Philosophie und der Geschichte versunken. Er arbeitet allein.

In einem berühmt gewordenen Brief, den er mit neunzehn Jahren im November 1837 an seinen Vater schrieb, zieht er das Fazit aus dem erledigten Arbeitspensum und kündigt an, daß er jetzt nach »neuen Göttern« sucht. Wird es Hegel sein? Feuerbach? Im Berliner Kreis der jungen Hegelianer wird Marx einen unstrittigen Einfluß haben.

Einer von ihnen widmet ihm sein Buch. Später wird ihn ein anderer, Moses Hess (der eine nicht zu verachtende Rolle in der Geschichte des Sozialismus spielen wird), einem Freund mit folgenden Worten vorstellen:

»Du kannst Dich darauf gefaßt machen, den größten, vielleicht den einzigen jetzt lebenden eigentlichen Philosophen kennen zu lernen, der nächstens, wo er öffentlich auftreten wird (in Schriften sowohl als auf dem Katheder) die Augen Deutschlands auf sich ziehen wird. [...]

Dr. Marx, so heißt mein Abgott, ist noch ein ganz junger Mann, [...] der der mittelalterlichen Religion und Politik den letzten Stoß versetzen wird; er verbindet mit dem tiefsten philosophischen Ernst den schneidendsten Witz; denke Dir Rousseau, Voltaire, Holbach, Lessing, Heine und Hegel in Einer Person vereinigt, ich sage vereinigt, nicht zusammengeschmissen – so hast Du Dr. Marx.«[5]

Während jener Studienjahre haben ihn vielleicht einige nette Damen von der Philosophie abgelenkt, aber das weiß man nicht so genau. Man weiß nur, daß er den Salon von Bettina von Arnim regelmäßig besuchte; sie beeindruckt ihn, wenn ihn überhaupt jemand beeindrucken kann. Sie ist seit der Veröffentlichung ihres Briefwechsels mit Goethe berühmt geworden. Ihre musikalischen und poetischen Abende führen die größten Geister zusammen, ihre romantischen Züge sind zwar etwas exzentrisch, aber sie interessiert sich für soziale Fragen. Ihre Vitalität und ihr Streben, alles richtig zu machen, fordern die unverbesserliche Ironie Karls geradezu heraus, der sie in einem Epigramm verspottet. Sie hat genügend Verstand, um sich darüber zu amüsieren. Wobei es bleibt. Bettina ist schon ein altes, kleines fünfzigjähriges Mädchen, was zu dieser Zeit bedeutet, bei Männern abgemeldet zu sein...

Kurzum, Karl hat während der verlängerten Verlobungszeit nicht Trübsal geblasen, im Gegenteil. Es waren schöne Jahre intellektueller Ausbildung und an seinem Himmel leuchtete ein Stern...

Für Jenny dagegen war die Zeit lang, hart. Als sie ihrem Vater ihre Verlobung mitteilt, nimmt er sie, wie immer, vom ganzen Herzen auf. Er mag Karl zu sehr, um die Gefühle seiner Tochter nicht zu verstehen. Vielleicht macht er sich sogar Vorwürfe, daß er zu dieser Beziehung beigetragen hat. Aber er wünscht keine überstürzte Entscheidung, Jenny soll es sich gut überlegen, die Dinge sollen inoffiziell bleiben, da eine Hochzeit nicht in Frage käme, solange Karl nicht »fest im Sattel« sitzt. Jennys Mutter denkt ähnlich. Sie ist Karl nicht feindlich gesonnen, aber sie ist auch nicht unbedingt begeistert.

Dennoch verbreitet sich die Nachricht, daß Jenny und Karl verlobt sind. Ferdinand ist außer sich vor Wut und bald mischt sich auch Jennys Onkel ein, Heinrich Georg von Westphalen, sowie die Frau Ferdinands, die Jennys Mutter heftige Briefe schreibt.

Eine richtige Hexe ist sie.

Der Druck auf Jenny, die von Jahr zu Jahr älter wird und zusehen muß, wie alle ihre Freundinnen hintereinander heiraten und sie selbst auf der Strecke bleibt, wird immer stärker.

Ferdinand läßt eine Untersuchung in Berlin durchführen, aus der hervorgeht, daß sein zukünftiger Schwager seine Zeit meistens in Cafés verbringt, dem Genuß von Wein und Bier frönt, dicke schwarze Zigarren raucht und mit militanten Atheisten schwadroniert.

Er möchte bei seinem Vater erreichen, daß dieser Jenny zwingt, ihre Verlobung aufzulösen. Der Vater ist beunruhigt, aber er läßt sich von Ferdinand nicht manipulieren. Die Familienatmosphäre ist vergiftet, und die Gerüchte, die in der Stadt verbreitet werden, erleichtern die Dinge nicht gerade.

Heinrich Marx seinerseits ist immer mehr beunruhigt, was aus dem unendlich langen Studium seines Sohnes, das mit Jura kaum noch etwas zu tun hat, werden soll. Er macht sich Sorgen und auch Vorwürfe, daß er die Idylle mit Jenny begünstigt hat, indem er am Anfang als Vermittler für die Briefe der beiden jungen Leute fungierte; Jennys Zustand beunruhigt ihn, sie reagiert mit Krankheiten ihre unerträglichen Spannungen ab – was sie übrigens ihr Leben lang machen wird. Heinrich Marx schreibt seinem Sohn, man solle die Wichtigkeit des Urteils der Familie und der Umwelt nicht unterschätzen... »Jenny [...] hängt Dir mit Leib und Seele an – und Du darfst es nie vergessen –, in ihrem Alter bringt sie Dir ein Opfer, wie gewöhnliche Mädchen es gewiß nicht fähig wären.«[6]

Es besteht keine Gefahr, daß er sie vergißt. Er liebt sie, das steht fest, und für immer.

Sie lebt jedoch in einer permanenten Angst und ist beunruhigt: »Liebes einziges Herzchen schreib mir doch bald und sag mir daß Du gesund bist und mich auch immer lieb behältst...«[7]

Wenn sie Gedichte bekommt, schreibt sie:

»Ach Karl, darin liegt eben mein Jammer daß das, was ein jedes andre Mädchen mit namenlosen Entzücken erfüllen würde Deine schöne rührende leidenschaftliche Liebe, die unbeschreiblich schönen Aeußerungen darüber, die begeisternden Gebilde Deiner Phantasie, daß dies alles mich nur ängstigen und oft zur Verzweiflung bringt... Sieh Karl die Sorge um die Fortdauer Deiner Liebe raubt mir allen Genuß, ich kann mich Deiner Liebe nicht so ganz erfreuen...«[8]

Schrecklicher Satz, der nicht gerade darauf schließen läßt, daß Jenny sich in der Liebe wohlfühlt. Manchmal hört sie auf, ihm zu schreiben. Dann wird er furchtbar unruhig und bedrängt seinen Vater mit Fragen, damit dieser sich nach Jenny erkundigt. Was geschieht nun mit Jenny? Die Liebe, die nur in Briefen ausgelebt wird, zehrt sie auf. Jenny ist ständig krank.

Erst im September 1841 finden sie einen Ausweg, um sich endlich einmal allein zu sehen. Karl muß nach Bonn fahren, sich um eine mögliche Einstellung an der dortigen Universität zu bemühen. Jenny ist von Freunden in Neuss eingeladen. Respektvoll setzt sie ihre Mutter in Kenntnis ihrer Pläne: Auf dem Hinweg von Trier nach Neuss wird sie in Bonn Halt machen, um Karl zu treffen. Große Unruhe bei Frau von Westphalen. Verlobte dürfen sich nicht ohne Anstandsdame treffen. Man muß »äußerlich wie innerlich die Anstandsregeln respektieren«, sagt sie.

Der nette Edgar wird die »Anstandsdame« sein. Er hat beide sehr gern, von ihm ist also nichts zu befürchten. Und die Sache geht so aus, daß die beiden jungen Leute endlich die Gelegenheit haben, sich im Hotelzimmer von Karl in die Arme zu fallen – ein bequemes Zimmer, denn in dieser Beziehung kann man ihm ja vertrauen. Endlich! Sie ist fünfundzwanzig, er einundzwanzig. Diese junge Puritanerin mit feurigem Temperament steht kurz vor dem hysterischen Zusammenbruch.

Die Begegnung veranlaßt sie zu folgendem Brief:

»Ach, Herzchen, wie mir da alles centnerschwer auf die Seele fiel! [...] Und dennoch Karl ich kann, ich fühle keine Reue, halte ich mir die Augen fest, fest zu und seh dann Dein selig lächelndes Auge. [...] Ach Karl ich weiß sehr gut was ich gethan und wie ich vor der Welt geächtet wäre, ich weiß das Alles, alles und dennoch bin ich froh und selig und gäb selbst die Erinnerung an jenen Stunden um keinen

Schatz der Welt dahin. [...] Ach, Karl, ich bin recht schlecht und nichts ist mehr gut an mir als meine Liebe zu Dir... Das Ende Deiner Liebe und das Ende meines Daseins fallen in einen Moment zusammen. Und nach diesem Tod gibt es keine Auferstehung.«[9]

»Ich bin recht schlecht«. Armes kleines Kätzchen, das jetzt von dem Gefühl ihrer Unwürde gepeinigt ist. Und immerzu diese fast zwanghafte Angst, Karl zu verlieren. Wahrscheinlich würde sie sich umbringen, wenn es tatsächlich geschehen würde. Aber es besteht absolut kein Grund, selbst wenn Karl weiblichem Charme gegenüber nicht gerade unempfindlich ist – zum Glück, das fehlte ihm noch! Aber Jenny kann ihr Gefühl nicht beherrschen, alles ist für sie Anlaß zu innerer Unruhe. So schreibt sie ihm im März 1843, als er gerade Kreuznach verlassen hat:

»Hast Du Dich auf dem Dampfer gut gehalten oder war wieder eine Madame Hermann am Borde. Du böser Schelm. Ich will Dir das mal vertreiben. Immer auf den Dampfschiffen. Dergl. Irrfahrten laß ich im contrat social, in unserem Heirathsact gleich mit Interdict belegen und werden solche Abnormitäten verbaliter bestraft. Ich laß alle Fälle specificiren und mit Bußen belegen und schaff ein zweites hochnothpeinliches Landrechtsähnliches Eherecht. Ich will Dich schon kriegen.«[10]

Der scherzhafte Ton täuscht nicht darüber hinweg, daß die Warnung ernst gemeint ist. Eifersucht ohne Motiv. Viel später in ihrem Leben wird Jenny bessere Gründe haben, sich gekränkt zu fühlen.

Die beiden Männer, die in gewisser Weise über die Liebe zwischen Karl und Jenny wachen, werden nacheinander sterben. Zunächst Heinrich Marx, der mit 61 Jahren an einer Tuberkulose stirbt, an der die ganze Familie mehr oder weniger erkrankt ist (Karl wird wegen seiner Lunge als dienstunfähig entlassen), und dann Ludwig von Westphalen.

Nichts läßt erkennen, ob Karl von dem Tod des Vaters wirklich betroffen ist, feststeht aber, daß ihn dieser Tod von seiner Familie »erlöst« hat. Die Bindung an den Vater war stark, auch wenn Karl es nicht einrichten konnte, zur Beerdigung zu fahren. Zu seinen Geschwistern dagegen hielt er keinen engen Kontakt, er verachtet seine Angehörigen, zuallererst seine Mutter. Als Jugendlicher hatte er sie sehr gemocht, aber jetzt schämt er sich vielleicht für diese gute jüdische Mama, die ein schlechtes, mit Holländisch gemischtes Deutsch spricht, und nicht gerade eine Intellektuelle ist.

Das ist ein heikler Punkt, der den Biographen von Marx viel Kopfzerbrechen bereitet hat. Es ging nicht so sehr um die Beziehung zu seiner Mutter – er kann sie nicht ausstehen –, sondern vielmehr um das Verhältnis zu seiner jüdischen Herkunft.

Es fehlt nicht an obszöner Literatur über die Juden und an antisemitischen Schmähschriften. Karl Marx' Feindseligkeit und Verunglimpfungen bewegen sich auf dieser Ebene. Warum? Als er »Zur Judenfrage« schreibt, ist er fünfundzwanzig und noch in den Flitterwochen. Woher kommt bei ihm diese Boshaftigkeit, dieser Haß? Woher diese vulgären Beschimpfungen, die dann sein Leben lang auf seinen Lippen oder unter seiner Feder seltsame Blüten treiben werden?

Zu nachsichtig gegenüber ihrem großen Mann oder eher streng in ihrem Urteil werden die Kritiker mit dem Problem nicht fertig und finden keine Lösung. Selbsthaß?

Verneinung seines eigenen Judentums? Abgrenzung eines Konvertiten? Ein Historiker, Arnold Kuenzli, vertritt die These, daß Marx' nicht akzeptiertes, verabscheutes Judentum den Schlüssel zum Verständnis seines gesamten Werkes liefere. Auf jeden Fall tut sich in der Psyche von Marx ein Abgrund auf, der schwindelerregend ist. Die Marxisten werden unruhig, sobald man diesen Sachverhalt erwähnt, und winden sich, um sich darüber hinwegzusetzen. Aber vergeblich. Denn die Texte sind vorhanden und regelrecht abstoßend. Man weiß nichts über Jennys Haltung zu diesem Thema. Aber ein Antisemitismus ist bei der Familie Westphalen kaum denkbar. Die Tatsache, daß ihre Eltern der Heirat mit Marx zugestimmt haben, beweist es schon.

Nach seiner Jugend fängt er also an, seine Mutter zu hassen. Aber sie ist nach dem Tod des Vaters seine einzige Geldquelle. So ist er gezwungen, ihr zu schreiben. Um sie um Geld zu bitten. Sie sträubt sich. Sie beklagt sich, daß die Familie Westphalen von ihr nichts wissen will, daß seit dem Tod des Vaters keine angemessene Beziehung zu ihr gepflegt worden sei, wofür sie ihren Sohn verantwortlich macht. Außerdem möchte sie genau wissen, ob er die Promotion nun hinter sich hat oder nicht, bevor sie ihre Taler blecht...

Er besteht sie am 15. April 1841. Nun ist er Doktor der Philosophie und könnte eine Stelle an der Universität bekommen.

Seine Mutter willigt ein, ihm nach und nach eine kleine Summe von der Erbschaft des Vaters auszuzahlen. So kehrt er als junger dreiundzwanzigjähriger »Doktor«, fröhlich, überschwenglich, mit etwas Geld in der Tasche, in seine Heimatstadt zurück.

Ludwig von Westphalen empfängt ihn mit offenen Armen. Besser noch: Er bietet ihm Unterkunft. Karl kann den Gedanken nicht mehr ertragen, bei seiner Mutter zu wohnen.

Jenny ist im siebten Himmel. Aber zwei Ereignisse werden diese Glückseligkeit trüben. Das erste läßt sich noch als unerwartete Entdeckung ausgeben: an einer deutschen Universität ist ein nonkonformistischer Geist nicht am Platze. Bruno Bauer, Religionshistoriker, hat auf Grund seines Atheismus per Erlaß des Königs von Preußen ein Unterrichtsverbot bekommen. Er hatte bei einem Bankett einen Trinkspruch ausgebracht, der als subversiv denunziert worden war.

Man muß gleich dazu sagen, daß Marx nie einen Posten an der Universität bekommen wird. In dem Deutschland der vierziger Jahre wird eine Art Sperrgürtel errichtet, um alle Individuen, die es wagen, die christlich-traditionellen Fundamente der Gesellschaft oder einfach das gesellschaftliche System in Frage zu stellen, von den Institutionen fernzuhalten.

Karl ist angesichts dieser Situation ratlos. Wie kann er heiraten, ohne eine Position zu haben? Man schlägt ihm vor, für eine in Köln neu erscheinende Zeitung zu schreiben. Er fährt hin, um sich dort umzusehen.

Das zweite Ereignis ist der Tod Ludwig von Westphalens. Bis dahin hatte dieser seine Tochter verstanden und beschützt – allen Schwierigkeiten zum Trotz. Aber kaum ist der Familienvater verschwunden, wettern Ferdinand und der Onkel Heinrich Georg los.

Karl verläßt sofort Köln, um an der Beerdigung seines Wahlvaters teilzunehmen. Diesmal wohnt er weder bei den Westphalens noch bei seiner Mutter, sondern im Hotel.

Jenny ist von dem Tod ihres Vaters erschüttert. Hinzu kommt die Belastung, daß ihre Mutter jetzt praktisch kein Einkommen mehr hat und gezwungen ist, mit einer kleinen Rente auszukommen.

Die Westphalens sind außer sich: Anstatt einen mittellosen Marx zu heiraten – wenn er Jude und reich wäre, ginge das noch! – wäre es nicht Jennys eigentliche Pflicht, einen wohlhabenden Mann zu heiraten – die Heiratskandidaten fehlen nicht – und für ihre Mutter zu sorgen? Vielleicht wäre es tatsächlich ihre Pflicht, aber Jenny kann sich so etwas nicht vorstellen. Ihre Mutter setzt sie übrigens nicht unter Druck. Frau von Westphalen hat die Wahl getroffen, in »ehrenhafter Armut« zu leben, was sie bis zu ihrem Lebensende auch tun wird. Sie war dabei immer gut zu ihren Kindern Edgar und Jenny und nahm sich für sie Zeit.

Für den Augenblick trifft sie eine richtige Entscheidung, indem sie mit Jenny nach Bad Kreuznach übersiedelt, um sie so von dem Terror ihrer Familie und den Gerüchten der Stadt fernzuhalten.

Jenny schreibt Karl nach Köln:
»Schwarzwildchen, wie freu ich mich, daß Du froh bist und daß mein Brief Dich erheitert, und daß Du Dich nach mir sehnst, und daß Du in tapezirten Zimmern wohnst und daß Du in Cöln Champagner getrunken hast und daß es da Hegelklubbs giebt und daß Du geträumt hast und daß Du, kurz daß Du mein, mein Liebchen, mein Schwarzwildchen bist...«[11]

Es folgt eine lange verliebte Elegie.

Wir befinden uns im August 1841. Sie ist siebenundzwanzig Jahre. Noch über ein Jahr wird sie auf ihn warten und ihm glühende Briefe schreiben. Beide Frauen haben ein Haus gemietet, das mit dem großen Familienhaus in Trier allerdings nicht vergleichbar ist. Aber Jenny ist jetzt stolz auf Karl, stolz darauf, seine Unterschrift in dieser Zeitung zu sehen, die sie von Karl täglich zugeschickt bekommt.

Am 10. August 1841 schreibt sie ihm:

»Ach lieb, lieb Liebchen nun mengelirst Du Dich noch gar in die Politik. Das ist ja das Halsbrechendste. Karlchen bedenk nur immer, daß Du daheim ein Liebchen hast, das da hofft und jammert und ganz abhängig von Deinem Schicksal ist.«[12]

Nie wird sie versuchen, seinen politischen Eifer zu bremsen. Instinktiv entwickelt auch sie sich in die gleiche Richtung. Sie liest Feuerbach, den sie bewundert, und spricht mit ihm darüber. Es gab damals bestimmt nicht sehr viele Frauen, die solche Bücher lasen. Jenny aber ist die würdige Partnerin des »Doktor« Marx, ohne Zwang oder Affektiertheit.

Eines Abends läßt sie ihrer Phantasie freien Lauf. Und wenn Marx in einem Duell die rechte Hand verlöre? Es wäre schrecklich, sicherlich. Aber »sieh Herzchen da dacht' ich mir dann könnt ich Dir einmal recht unentbehrlich werden, dann würdest Du mich immer um Dich und lieb behalten haben. Da dacht ich dann, daß ich all Deine lieben Himmelsgedanken hätte niederschreiben und Dir recht nützlich werden können.[13]« Sie ist fürchterlich, diese verliebte Frau, wenn sie träumt... Die rechte Hand abgeschnitten, wie nett!

Aber es ist auch eine Jenny, die dahinsiecht, eingesperrt in den gesellschaftlichen Konventionen ihres Milieus, ihrer Epoche.

Man kennt Mädchen von damals, die mit diesen Konventionen Schluß gemacht haben, und die – manchmal in revolutionären Milieus – im Glanz ihrer Deklassierung gelebt haben. Jenny besitzt die Flamme und die intellektuelle Stärke, die innere Rebellion und die Überzeugung, aber sie bleibt in allen Situationen eine »Dame«. Wenn sie nicht so wäre, würde sie Karl auch nicht lieben.

Sie zerbricht sich den Kopf über die Schwierigkeiten, die er in Köln hat und schreibt ihm:

»Könnt ich Dir doch die Wege all ebnen und glätten und alles wegräumen, was hindernd Dir entgegentreten sollte. Aber das ist nun einmal nicht unser Loos, daß wir auch mit in des Schicksals Räder thatkräftig eingreifen sollten. Wir sind vom Sündenfall von Madame Eva's Verstoß her zur Passivität verurtheilt, unser Loos ist das Warten, hoffen, dulden, leiden.«[14]

Man wird nicht sagen, daß sie ein solches Gesetz frohen Herzens akzeptiert. Neben einer Ängstlichkeit, die jederzeit zum Ausbruch kommen kann, besitzt sie eine Heftigkeit und zurückgehaltene Energie, die sich Ausdruck verschaffen will und in der Idee der »Revolution« ein Übertragungsobjekt findet.

Sieht sie ihn wenigstens? Er kommt ab und zu vorbei, aber selten. Einmal war Bettina von Arnim wegen eines Kuraufenthaltes in Bad Kreuznach. Sie monopolisiert den jungen Mann, der sie dahin und dorthin begleiten soll. Man kann Bettina nicht widerstehen. Was tun? Jenny beugt sich, griesgrämig.

Und die Hochzeit? Karl ist mehr denn je davon überzeugt. Sie legen zusammen das Datum fest, es wird im Juni sein, was immer bis dahin geschehe. Und große Hoffnungen keimen in Karl auf, der von diesem erhebenden Abenteuer ganz hingerissen ist.

In Köln, der progressivsten Stadt von Preußen, haben reiche, liberale Bürger eine Zeitung gegründet, die »Rheinische Zeitung«. Der Verantwortliche für die Redaktion, ein Freund von Marx, bittet ihn um eine Artikelserie über die Pressefreiheit – ein Thema, über das der Rheinische Landtag gerade lange debattiert hatte.

Welche Bedeutung kommt der Presse damals zu? Die Zeitungen haben zwar eine sehr geringe Auflage – die »Rheinische Zeitung« fängt mit dem Vertrieb von 800 Abonnements an, später sind es 2000 Exemplare –, aber diese werden vor allem von den damaligen Führungskräften gelesen. Es sind also besonders empfindliche Werkzeuge.

Ein Konflikt bricht bei der Rh.Z. zwischen den Aktionären und dem Verantwortlichen für die deutschen Angelegenheiten aus, mit dem die ersteren unzufrieden sind. Diese wenden sich an Marx. So wird er mit vierundzwanzig Jahren zum Chefredakteur mit einem ansehnlichen Gehalt befördert. Das bedeutet schon fast Ruhm und Reichtum!

Jenny ist außer sich vor Stolz, und von ihrem kleinen Schwarzwildchen vollends begeistert. Der Haken nur, daß Journalist zu sein im damaligen Preußen kein ruhiger Beruf ist – übrigens in anderen Ländern auch nicht, mit Ausnahme von Großbritannien vielleicht. Seit der Verabschiedung eines Gesetzes im Dezember 1841 sind die Zeitungen einer verstärkten Kontrolle ausgesetzt.

Besonders zensiert wird alles, was die »grundsätzlichen Prinzipien der Religion« kritisiert und die »Moral beleidigt«. Auf Grund dieses Gesetzes wird ein Zensor, dessen Name in der Geschichte nicht unbekannt ist, Laurenz Dolleschall, eine Annonce zu einer Übersetzung der

»Göttlichen Komödie« von Dante mit der Begründung kürzen, man treibe keine Komödie mit göttlichen Dingen.

Als Verantwortlicher laviert Marx zwischen seinen Zensoren und seinen radikalsten Berliner Freunden, die die kulturellen Artikel der Zeitung mit kommunistischen Ideen infiltrieren wollen, denen er damals noch wenig Bedeutung beimißt.

Die Beamten aus Berlin werfen ihm vor, »im Rheinland die Francophilie und die französischen Ideen – sprich: liberale Ideen – zu verbreiten«. Marx verteidigt sich. Aber fünf Artikel der Rh. Z. über die Armut der Bauern von der Mosel machen in Berlin Ärger.

Ein neuer Zensor wird mit dem Auftrag nach Köln geschickt, den jungen Journalisten auf den richtigen Weg zu bringen. Der Mann ist diesmal kein Dummer, der Dante zensiert, sondern sehr geschickt. Er versucht, Karl zu überzeugen, in Berlin im Dienste des Königs von Preußen zu arbeiten. Eine Idee, die der junge Mann geradezu grotesk findet. Dem König dienen? In einer Zeit, wo die Monarchien zum Tode verurteilt sind? Wo der Sturm der Revolution die Welt aufwirbelt? Nach einigen Gesprächen kommt der Zensor zu dem Schluß, daß man diesen zu stürmischen Journalisten nicht anders neutralisieren kann, als ihn entweder seines Amtes zu entheben oder die Zeitung zu verbieten.

Ein gegen die Russen gerichteter Artikel der Rheinischen Zeitung wird die Gelegenheit dazu bieten. Die deutsch-russische Freundschaft ist ein wichtiger Bestandteil der preußischen Politik. Die Russen haben also über den Artikel die Stirn gerunzelt. Die drei für Zensurfragen verantwortlichen preußischen Minister haben kurzerhand entschieden: Der Rh. Z. wird die Konzession schlicht und ergreifend entzogen. Erscheinungsverbot nach dem 31. März 1843.

Marx geht mit seinem Boot unter, es bleibt ihm keine andere Wahl. Es ist das erste Mal, es wird nicht das letzte sein. Man kann nicht gerade behaupten, daß das Schicksal dieser Zeitung Deutschland in Aufruhr versetzt hätte. Nichtsdestotrotz gibt es heftige Proteste, vor allem bei der Jugend. Petitionen sind in Köln, Aachen, Elberfeld, Düsseldorf, Koblenz und Trier im Umlauf, in denen die Zurücknahme der Maßnahme gefordert wird. Natürlich erfolglos.

Marx als einflußreicher und im Wohlstand lebender Journalist: das war ein Luftschloß, das sich jetzt am Horizont aufgelöst hatte. Er bleibt der einfache Doktor der Philosophie ohne Zukunftsperspektiven in seinem Land. Er hat keine drei Groschen in der Tasche.

Als er das Erscheinungsverbot der Zeitung erfährt, schreibt er einem Freund, Arnold Ruge (dem Gründer der »Jahrbücher«, um die die vorrevolutionäre Intelligenzia versammelt ist):

»Ich bin der Heuchelei, der Dummheit, der rohen Autorität und unseres Schmiegens, Biegens, Rückendrehens und Wortklauberei müde gewesen. Also die Regierung hat mich wieder in Freiheit gesetzt. [...] In Deutschland kann ich nichts mehr beginnen. Man verfälscht sich hier selbst...«[15]

Und einige Tage später:

»Ich kann Ihnen ohne alle Romantik versichern, daß ich von Kopf bis Fuß und zwar allen Ernstes liebe. Ich bin schon seit sieben Jahren verlobt und meine Braut hat die härtesten, ihre Gesundheit fast untergrabenden Kämpfe für mich gekämpft...«[16]

Aber wenigstens eines ist dieses Mal klar: das Datum für die Hochzeit steht fest. Wenn er noch einige Wochen länger in Köln bleibt, so deshalb, um mit Ruge das Projekt, das sie gemeinsam geplant haben, voranzutreiben: die Publikation einer Zeitschrift in Paris, von der er sich eine finanzielle Absicherung für die Zeit nach der Hochzeit verspricht, die »Deutsch-Französischen Jahrbücher«.

Die Vorbereitungen für die Hochzeit sind recht bescheiden. Es wird kein großes Fest geben. Nur der nette Edgar ist mit seiner Mutter gekommen. Von der Familie Marx ist niemand da. Wahrscheinlich hat Karl seiner Familie nicht einmal das genaue Datum gesagt...

Einige Tage vor der Hochzeit schreibt Jenny an Karl:

»Ich war heut Morgen raus und hab beim Kaufmann Wolf viele neue Spitzen gesehen. [...] – bitte Herzchen laß das Kaufen jetzt. Auch mit dem Blumenguirlandchen. Ich fürcht' Du mußt zu viel geben [...] gehst Du von den Blumen nicht ab, so nimm sie in rosa. Das paßt am besten zu meinem grünen Kleid...«[17]

So wissen wir, daß Jenny in Grün geheiratet hat, in einer Farbe, die zu ihren grünen Augen paßt. Die standesamtliche Trauung und die obligatorische kirchliche Trauung finden am 19. Juni 1843 statt.

Vorher sind sie zusammen beim Notar gewesen, um einen Vertrag über Gütergemeinschaft zu unterschreiben, der merkwürdigerweise eine Zusatzklausel enthält, wonach der Ehegatte bzw. die Ehegattin für die Schulden, die er oder sie vor der Ehe gemacht oder geerbt hat, allein verantwortlich ist. Irgendjemand hat da Karl nicht über den Weg getraut. Vielleicht Jennys Mutter.

Die junge Frau hat weder Aussteuer noch Mitgift, höchstens einige kleine Schmuckstücke. Er nimmt sie nackt, seine schöne Baronin. Aber doch mit etwas Besonderem: einem prachtvollen Silber mit dem Wappen der Grafen von Argyll. Es ist von Generation zu Generation vererbt worden. Und es mußte kein Geringerer als Karl Marx kommen, um es zu verschleudern. Aber im Moment ist das Silber da, unversehrt, in all seinem Glanz.

Die Erinnerung an diese Zeit wird im Gedächtnis des alten Marx so intakt, so lebendig bleiben, daß man in seinen letzten Artikeln völlig unerwartet das Gedicht Schillers »O zarte Sehnsucht, süßes Hoffen« findet, das von ihm zitiert wird:

»O zarte Sehnsucht, süßes Hoffen
Der ersten Liebe gold'ne Zeit
Das Auge sieht den Himmel offen
Es schwelgt das Herz in Seligkeit.
O daß sie ewig grün bliebe
Die schöne Zeit der jungen Liebe.«[18]

Ja, es sind quasi die letzten Zeilen, die Marx geschrieben hat.

Das junge Paar kehrt nach Kreuznach zurück, wo Frau von Westphalen, in solchen Situationen immer vorausdenkend, ihnen ein Zimmer ihrer Wohnung zur Verfügung gestellt hat.

Karl hat fünfundvierzig Bücher mitgenommen. Hegel, Chateaubriand, Montesquieu, Machiavelli, Rousseau und viele andere mehr. Er begnügt sich nicht nur damit, zu lesen und sich Notizen zu machen, wie er es sein ganzes Leben tun wird. Sondern er schreibt auch. Zunächst schreibt er »Zur Judenfrage«; wegen dieser Schrift hat er sich mit Bruno Bauer zerstritten – aber mit wem wird sich Marx, der so schroff, so intolerant, so unausstehlich ist, nicht zerstreiten? Er schreibt vor allem die ersten neununddreißig Seiten »Zur Kritik der Hegelschen Rechtsphilosophie«[19], sie markiert den Beginn der Hegelkritik durch den jungen Marx.

Ein in jeder Hinsicht ergreifender Text, atemberaubend, der den Beginn des Einsatzes von Marx für die Sache des Proletariats darstellt. Dort hat er die Religion als »Seufzer der bedrängten Kreatur«, als »Gemüth einer herzlosen Welt«[20] bezeichnet. Auch findet man dort die berühmte Formel: »Die Religion ist das Opium des Volkes«.[21]

Man weiß nicht genau, wann Jenny die Religion als solche verworfen hat, aber es hat zwischen den beiden wohl keine Auseinandersetzungen darüber gegeben. Ein heikles Thema, Gegenstand der von dem jungen Marx entwickelten erbarmungslosen Kritik.

Auf das Glaubensbekenntnis, daß die Religion den Menschen schaffe, antwortet der junge Mann stolz, das Gegenteil sei der Fall.

Sein Denken beruht auf einer streng materialistischen Weltanschauung ohne die Illusion über die Existenz eines wie immer gearteten Jenseits.

Arnold Ruge besucht die Marx' in Kreuznach, um über die »Deutsch-Französischen Jahrbücher« zu berichten. Wie dieser Ruge eigentlich war, weiß ich nicht. Er erscheint in vielen Berichten von damals, er ist durchaus eine der großen Gestalten seiner Zeit, aber er bleibt in diesen Berichten irgendwie unfaßbar. Sicher ist, daß er fünfzehn Jahre älter ist als Marx, daß er ein persönliches

Vermögen besitzt, wodurch er seine Pläne verwirklichen kann, und daß er wegen seiner liberalen Ideen als Student sechs Jahre im Gefängnis gesessen hat.

Er kommt also zu Karl und Jenny zum Mittagessen. Das Zeitschriftenprojekt hat konkrete Formen angenommen. Seine Finanzierung ist gesichert. Jetzt ist Karl an der Reihe, er muß die glänzendsten Texte für die erste Nummer liefern.

Man erwartet ihn in Paris. Gehalt: Tausendachthundert Francs als Mitherausgeber. Es ist höchste Zeit. Jenny wird bald schwanger sein.

3

DAS SCHÖNE LEBEN IN PARIS

Als die Marx' im Herbst 1843 in Paris ankommen, finden sie eine prachtvolle Stadt vor. Es wird überall gebaut, die wohlhabende Bourgeoisie tänzelt in ihren Equipagen, Louis Philippe herrscht in Ruhe und Frieden, Victor Hugo lehnt die Rechtschreibungsreform ab, die von der Académie Française vorgeschlagen wird, Balzac veröffentlicht »La Rabouilleuse«, Stendhal ist gerade gestorben. Luxus und intellektuelle Aufbruchstimmung herrschen in Paris. Aber auch Armut. Bittere Armut.

Verschiedene gesellschaftliche Gruppen leben in der Hauptstadt zusammen, ohne sich zu kennen. Zehntausende von Ausländern sind da, politische Flüchtlinge, Wirtschaftsflüchtlinge... Paris hat eine Kolonie von nahezu 60 000 Deutschen, darunter eine Handvoll Intellektuelle, viele Handwerker – alle Schuster von Paris sind Deutsche –, viele Hilfsarbeiter, Hausknechte, die meisten von ihnen sind Kommunisten.

Ein berühmter Flüchtling, Frédéric Chopin, spielt Klavier bei Marie d'Agoult, zur Freude von Sainte-Beuve, Ingres, Heinrich Heine. Die Marx' werden in dieser noblen Gesellschaft verkehren. Aber zunächst suchen sie eine Wohnung. »Wohnen wir doch alle zusammen«, schlägt Ruge vor. »Alle«, das heißt die Marx', die Ruges und ein drittes Paar, der deutsche Dichter Herwegh und seine

Frau. »Wohnen wir zusammen, so können wir sparen.«
Aber Frau Herwegh, die Tochter eines reichen Berliner
Bankiers, ist Bequemlichkeit gewohnt. Diese Art von
Kommunismus entspricht nicht ihren Vorstellungen. Sich
fortschrittlichen Ideen hinzugeben, das ist eine Sache,
aber sie in die Praxis umzusetzen, eine andere. Außerdem
will sie ihren eigenen politischen und literarischen Salon
haben.

Auszug der Herweghs. Und die anderen? »Nie werden
diese kleine Sächsin (Frau Ruge) und die sehr intelligente
und ehrgeizige Frau Marx zusammenleben können…«,
bemerkt Frau Herwegh mit leichtem Spott.

Sie werden es doch versuchen. Später ziehen die Marx'
und die Ruges in die rue Vanneau 38 ein, sie wählen also die
schicken Quartiers. Das Büro der »Jahrbücher« befindet
sich in derselben Straße.

Sehr schnell verschlechtert sich das Verhältnis zwischen
beiden Frauen. Obendrein wird Ruge krank. Er verläßt die
rue Vanneau und sieht sich gezwungen, Marx die ganze
Verantwortung für die »Jahrbücher« zu überlassen.

Die erste – und letzte – Nummer dieser Zeitschrift, die
eine Auflage von tausend Exemplaren hat und im Februar
1844 veröffentlicht wird, ist so dick wie ein Buch. Sie ist
von einer revolutionären jugendlichen Kraft durchdrungen. Man findet darin zwei Texte von Marx, den über
Hegel und den über die Juden, Gedichte von Heine und
Herwegh, einen Beitrag von Engels, den er aus Manchester
schickt, einen Artikel von Bakunin – die einzige nicht-
deutsche Beteiligung…

Ruge ist nicht zufrieden. Er ärgert sich über das Fehlen
französischer Beiträge, er ärgert sich über die »Epi-
gramme« – wie er sie nennt – von Marx. Sie sind zu

künstlich und zu roh, sagt er. Wenn ich nicht krank gewesen wäre, hätte ich die Korrektur gemacht...

Ruge ist ein liberaler Demokrat oder ein demokratischer Liberaler, wie man es nimmt. Er ist kein Kommunist. Die Betrachtungen von Marx über das Proletariat als Befreier der ganzen Menschheit machen ihn zornig.

Marx muckt auf, mit dieser Brutalität, diesem Drang nach Gerechtigkeit, die typisch für ihn sind. Seine Frau ergreift für ihn Partei. Sie gehört nicht zu der Art von Leuten, die bei Konflikten zu schlichten versuchen, selbst wenn sie Karl manchmal auffordert, seine Worte zu mäßigen.

Sie selbst ist in ihrer Sprache leicht hart, scharfzüngig. Um Ruge zu qualifizieren, hat sie ein ätzendes Wort gefunden: er ist ein »Heuochs«.

Die beiden Männer geraten in einen harten Streit. Im Grunde haben sie die politische Linie der »Jahrbücher« nie miteinander abgesprochen. Ruge hat den reformistischen, Marx den revolutionären Kurs eingeschlagen, sie können sich nicht verstehen.

Ein berühmter, fast poetischer Satz von Marx drückt gut aus, was er damals beweisen will: »Es wird sich dann zeigen, daß die Welt längst den Traum von einer Sache besitzt, von der sie nur das Bewußtsein besitzen muß, um sie wirklich zu besitzen.«[22]

Die erste Nummer der »Deutsch-Französischen Jahrbücher« löst bei der preußischen Regierung Zorn aus. Ein Rundbrief benachrichtigt alle Bürgermeister der Provinzen, daß es sich bei dieser Schrift um den Versuch des Hochverrats und um Majestätsbeleidigung handle, daß Arnold Ruge, Heinrich Heine und Karl Marx festgenommen werden müssen, wollten sie versuchen, nach Preußen einzudringen. Die Zeitschrift wird verboten, die Exemplare werden überall beschlagnahmt, wo sie zu finden sind, das Unternehmen ist ruiniert. Marx wird kein Geld bekommen, sondern mit Freiexemplaren der Zeitschrift bezahlt werden. Wo kann er sie verkaufen? Wie kann er sie loswerden?

Wie durch ein Wunder meldet sich ein Bewunderer aus Köln. Dieser sorgt dafür, daß hundert Exemplare gekauft werden – für achthundert Francs –, und vor allem organisiert er eine Geldsammlung, die sechstausend Francs einbringt, »damit Ihre Opfer für die gemeinsame Sache ausgeglichen werden.«

Wenn man in Betracht zieht, daß die Marx' vorhatten, mit tausendachthundert Francs im Jahr in Paris zu leben, leben sie jetzt im Wohlstand. Und sie genießen es. Die Wohnung in der rue Vanneau ist bequem, die Schwangerschaft von Jenny problemlos, sie sehen viele Leute; Karl hat zwar keine Zeitung mehr, dafür aber Beziehungen. Dieses junge deutsche Ehepaar wird überall eingeladen, man empfängt diesen Propheten einer neuen Gesellschaftsordnung, der ein glänzender Gesprächspartner ist, und seine hinreißende Frau mit großem Interesse.

Zwischen Karl und Heinrich Heine entsteht eine echte Freundschaft. Der romantisch-ironische Schriftsteller, der ein großes Ansehen genießt, lebt seit über zwölf Jahren in Paris – er bekommt von Louis-Philippe eine Rente, was er mit aller Sorgfalt verschweigt. In seinen Gedichten, die von der deutschen Jugend mit Begeisterung gelesen werden, steckt eine verkappte heftige Sozialkritik. Deshalb wurde die Veröffentlichung seiner Schriften seit 1835 verboten. Er wird dadurch umso populärer. Heine ist kein Revolutionär, vielleicht ein lauer Revolutionär, wenn man diese beiden Wörter überhaupt nebeneinander setzen kann. Er ist keineswegs von der Idee begeistert, daß das Proletariat die Macht ergreifen soll, und wendet ein, daß diese »dunklen Ikonoklasten« mit ihren rohen Fäusten alle Marmorbilder seiner geliebten Kunstwelt zerschlagen würden. Denn er liebt die Kunst. Aber er ist von Marx fasziniert, und er akzeptiert, für die »Jahrbücher« ein Gedicht gegen das reaktionäre preußische Regime zu schreiben. Marx aber meint, er solle diese ewige Liebesnörgelei sein lassen und den »poetischen Lyrikern« vielmehr zeigen, wie man es machen müsse, »mit der Peitsche«.

Vielleicht hat Heine vor allem Jennys wegen akzeptiert, für die »Jahrbücher« Beiträge zu schreiben, denn er ist von ihr fasziniert. Soviel Anmut, soviel Humor, soviel Eleganz…

Heine und die Marx' sehen sich fast täglich. Oft kommt er von der avenue Matignon, wo er wohnt, in die rue Vanneau vorbei.

Der politischen Lyrik verpflichtet, zeigt er Marx seine Arbeiten. Das Problem aber ist seine krankhafte Empfindlichkeit. Er kann leicht in Tränen ausbrechen. Wie kann man ihn kritisieren, ohne ihn zu beleidigen? Allein Jenny kann mit ihm reden. Von ihr akzeptiert er alles.

Heine hatte das außerordentliche Privileg, der einzige Kompagnon in Marx' Leben zu sein, gegen den dieser nie ausfallend war, der nie unter das Fallbeil seiner scharfen Zunge geraten ist. Als ob der Berufsstand eines Dichters andere Urteilskriterien verdienen würde als der Rest der Menschheit. Selbst als Heine zum Glauben an Gott zurückkehrt, ist Marx ihm gegenüber nachsichtig.

Die Marx' frequentieren auch die Salons der liberalen

russischen Aristokraten wie den Pavel Annenkovs, eines reichen Grundbesitzers, oder den des Grafen Tolstoi, der in seinem herrschaftlichen Stadthaus in der rue des Mathurins auf großem Fuß lebt. Marx sieht oft Bakunin, ehemaliger Offizier, später legendärer Ausbrecher aus sibirischer Gefangenschaft, gigantischer Verschwörer und Feind aller Tyranneien und glänzender Redner. Der Russe ist von dem intellektuellen Format des Deutschen sehr beeindruckt, aber er findet ihn eingebildet, arrogant, gehässig – was zweiffelos zutrifft. Er hat vor allem diese schreckliche Art, über diejenigen, die ihm widersprechen, Dreck auszuschütten. Eine Technik, die die Kommunisten nicht vergessen werden! »Die übliche Waffe, ein Haufen Schmutz...« wird Bakunin sagen, als sie miteinander rivalisieren werden – der Anarchist gegen den Kommunisten.

Später wird die Rivalität zwischen den beiden Männern in bezug auf die Kontrolle der I. Internationalen eine schlimme Wendung nehmen. Sie werden nie aufhören, sich zu bekämpfen. Die Deutschen seien von Geburt aus Lakaien, wird Bakunin sagen, sie haben keinen Sinn für die Freiheit. Jede Gesellschaft, die auf der Grundlage der Marxschen Theorien aufgebaut wird, werde zwangsläufig – im Namen des Sozialismus – im Despotismus enden! Bemerkenswerter Blick in die Zukunft.

Karl und Jenny treffen die deutschen Handwerker von Paris, die in dem »Bund der Gerechten« organisiert sind – einer geheimen Organisation, die von einem naiven Schneider namens August Wilhelm Weitling gegründet wurde, der eine Gesellschaft nach den Gesetzen der christlichen Liebe aufbauen will. Marx trifft auch französische Kommunisten, die ihn durch ihre Intelligenz, ihre Energie und ihren Idealismus beeindrucken. In den Versammlungen, so Marx, sei die Brüderlichkeit kein hohles Wort, sondern eine Tatsache, und die Würde strahle auf allen von der Arbeit verhärteten Gesichtern.

Er wird diese romantisch angehauchte Sicht des französischen Proletariats nie verlieren. Nimmt er auch an einigen Sitzungen dieser »Arbeitergesellschaften« teil, wird er doch nie in eine der Gruppen eintreten.

Man sieht ihn viel, mit Jenny, bei Marie d'Agoult. Die schöne Gräfin, die kurz davor ist, Liszt zu verlieren, tröstet sich mit dem Dichter Herwegh, zur großen Entrüstung Ruges, der kein Kommunist ist, aber moralische Ansprüche hat. Der Lebensstil der Herweghs schockiert ihn: Blumen, Champagner, Kaviar, schöne Kleider für Madame, Geschenke für die Gräfin... Was die Marx' betrifft, denken sie nicht daran, die Herweghs zu verurteilen. Sie beneiden sie und geben ihrerseits ihr Geld unüberlegt aus.

Karl begegnet auch Proudhon, dem französischen Sozialisten, dessen erstes Buch »Was ist Eigentum?« er bewundert. Proudhon, der Sohn eines ruinierten Bierbrauers, antwortet: »Privateigentum ist Diebstahl.«

Sie führen miteinander endlose Diskussionen, die die halbe Nacht andauern. Das ist der anarchistisch-sozialistische Stil. Man bleibt lange im Bett liegen, liest dabei die Zeitungen, steht um 5 Uhr nachmittags auf, ißt zu Mittag und bis 5 Uhr morgens baut man die Welt wieder auf – natürlich in den entsprechenden Cafés, die von der Polizei beobachtet werden. Manchmal geht man zu Bakunin, der zwischen einem Koffer, einem Becher und einem Klappbett lebt. Und man raucht und redet, Karl mehr als alle anderen.

Proudhon, der selbstgefällig ist, ahnt noch nicht, daß dieser große, dunkle, deutsche junge Mann mit seinem zerzausten Haar, der gut Französisch spricht und ihm von Hegel bis zum Überdruß erzählt, ihn später mit einem unerbittlichen Pamphlet außer Gefecht setzen wird.[23]

Proudhon ist nämlich nicht so radikal wie Marx. Er möchte nicht das Privateigentum abschaffen, sondern es nur kontrollieren; er möchte nicht den Kapitalismus abschaffen, sondern nur dessen Auswüchse ausmerzen. Bald wird Marx ihn niederknüppeln.

Jenny beteiligt sich aktiv und intensiv an diesen Diskussionen unter Männern, die seit ihrer Kindheit den Hintergrund ihres Lebens bildeten. Ob bei ihr in der rue Vanneau, wo sich vier oder fünf schlaue Burschen stets aufhalten, oder im Café, wo sie Karl begleitet, sie ist mit dieser Atmosphäre intellektueller Aufruhrstimmung mit Wein und Tabak vertraut. Wie sollte sie es nicht merken, daß Karl der beste Dialektiker von allen ist, sein Denken das originellste, kraftvollste? Sie ist sehr glücklich, Madame Marx, in Paris.

Das Baby ist auf die Welt gekommen, ein kleines Mädchen, das Jenny heißt, wie ihre Mutter, und Jennychen genannt wird. Sechs Wochen lang lebt Jenny in panischer Angst. Sie hat nicht genug Milch und kann das Baby nicht stillen, aber das Baby will das Fläschchen nicht nehmen; sie hat keine Erfahrung mit Kindern, und es sieht so aus, als ob dieses Kind nicht leben will... Eines Tages trifft Heine Karl und Jenny vor dem kleinen Körper völlig verzweifelt an, der von unkontrollierten Krämpfen geschüttelt wird. Er packt das Baby und taucht es in die Badewanne. Die Krämpfe hören auf. Marx wird sein Leben lang davon überzeugt sein, daß sein Freund seine Tochter gerettet hat. Aber es war nur eine vorübergehende Hilfe, denn mit Jennychen geht es immer mehr bergab... Die ängstlichen Eltern werden kopflos. Jenny springt in die nächste Postkutsche und eilt nach Trier zu ihrer Mutter, mit ihrem »todkranken« Baby – wie sie später schreibt – auf dem Arm.

Frau von Westphalen nimmt die Sache energisch in die Hand, ruft ihren Arzt, findet eine Amme, deren Milch Jennychen verträgt und gerät in Entzücken vor ihrer Nachkommenschaft.

Diese ausgezeichnete Mutter ist aber durchaus hellsichtig. Edgar, ihr Sohn, studiert ewig Jura in Köln, treibt sich viel in Kneipen herum, geht gern in die Oper und schreibt ihr, um seine Freude über das nahe Bevorstehen der Revolution kundzutun – dieses unsinnige Zeug, das ihr den Magen verdreht. Der Mann ihrer Tochter Jenny hat keine gesicherte Arbeit. Zeitungen herauszugeben ist zwar eine tolle Sache, aber wie lange wird er das machen können? Und was treibt er jetzt überhaupt? Er schreibt, sagt Jenny. Frau von Westphalen seufzt.

Aus Trier schickt Jenny Karl ellenlange Briefe, die oft sehr rührend sind. Jetzt, da sie in einer Großstadt wie Paris gelebt hat, sieht sie Trier mit anderen Augen: es ist eine kleine, klatschsüchtige Provinzstadt, in der jeder jeden kennt. Sei es drum! Da man sie beobachtet, da man hinter vorgehaltener Hand, fast schon mitleidig, über sie, über Karl redet, packt sie die Stadt bei den Hörnern. Man sieht sie überall, bei allen Freunden von früher, phantastisch angezogen mit ihrem »pariserischsten« Kleid, und sie spielt wunderbar die Rolle der jungen, überglücklichen Ehefrau des großen Pariser Journalisten.

»Übrigens brauche ich Niemand die Visite zu machen, denn alles kommt zu mir und ich empfange von Morgens bis Abends die Cour... Und dann hab' ich nie in meinem Leben besser und blühender ausgesehen als jetzt...« Und sie fügt hinzu: »Ich denke auch in meinem Sinn, was hätte man davon wenn man klein thäte; es hülfe doch Niemand aus der Noth und der Mensch ist so glücklich, wenn er bedauern kann. Trotzdem daß mein ganzes Sein und Wesen Zufriedenheit und Fülle ausspricht, hofft doch Alles daß Du Dich doch noch zu einem ständigen Posten entschliessen werdest.«[24]

Ihre Unruhe wird hier deutlich:

»Lieb Herzchen, ich hab' oft gar zu große Sorgen, wegen unserer Zukunft. [...] Wenn Du es kannst, so beruhige mich darüber. Es spricht alles zu viel vom ständigen Einkommen...«[25]

Und dann spürt sie manchmal ein dunkles Gefühl von Angst und Befürchtung angesichts der Versuchungen und Verführungen, die das Leben in der Metropole für Karl mit sich bringt...[26]

Sie ist rührend, die Jenny, mit ihrer Eifersucht, die aber auch kräftezehrend gewesen sein muß!

Während ihres Aufenthaltes in Trier, wo Jennychen langsam zunimmt, beschließt sie, sich mit der Familie von Karl zu versöhnen. Eines nachmittags klingelt sie klopfenden Herzens in der Simeongasse. Eine Schwester von Karl, Henriette, macht die Tür auf, gibt ihr ein Küßchen und führt sie in das Zimmer, in dem die Mutter und Sophie sich aufhalten. »Beide umarmen mich gleich, die Mutter nennt mich Du und Sophie zieht mich zu sich aufs Sofa. Sie ist fürchterlich zerstört, sieht aus wie 6 × 6 und kann sich kaum mehr erholen. Und doch ist Jettchen fast noch elender...«[27]

Am nächsten Tag macht Frau Marx Jenny einen Gegenbesuch, um ihre Enkelin kennenzulernen. Die Mutter und die Schwestern von Karl überschütten sie mit Liebeswürdigkeiten, aber Jenny gibt eine sehr unfreundliche – und vielleicht richtige – Interpretation dieser plötzlichen Herzlichkeit. Sie schreibt:

»Aber woher so plötzlich? Was doch der Erfolg thut, oder bei uns vielmehr der Schein des Erfolgs, den ich mit der feinsten Taktik zu behaupten weiß.«[28]

Im Grunde haßt sie ihre Schwiegermutter und ist entsetzt zu sehen, daß die Hochzeit Henriettes mit einem jungen Architekten vorbereitet wird, obwohl es offensichtlich ist, daß die Arme schwer krank ist. Sie wird übrigens sehr bald sterben.

Karl kümmert es wenig, ob Jenny mit seiner Familie Kontakte hat oder nicht, aber Jenny braucht immer das befriedigende Gefühl, ihre Pflicht getan zu haben.

Ihr Entzücken über ihr gesundes Baby verstärkt noch ihre Leidenschaft für den glücklichen Zeuger, das inniggeliebte »Schwarzwildchen«.

Sie ist noch in Trier, wo sie sich über drei Monate aufhalten wird, als sich die Weber von Schlesien erheben. Sie arbeiten fünfzehn Stunden pro Tag und sieben Tage in der Woche.

Was fordern sie? Den Zwölfstundentag und den freien Sonntag.

Auf Befehl Friedrich-Wilhelms IV. wird der Aufstand blutig niedergeschlagen. Das »väterliche« Bild, das der König von sich geben will, ist leicht beschädigt.

Einige Wochen später wird ein Attentat auf Wilhelm IV. verübt. Ein ehemaliger Bürgermeister einer kleinen Stadt, der sich vergeblich um eine Stelle in der Verwaltung beworben hatte, hat zwei Schüsse auf den König abgegeben. Er hat ihn nicht getroffen.

Mit einem sarkastischen Unterton beschreibt Jenny in einem Brief an Karl das Klima in Trier nach diesem mißlungenen Attentat:

»... alle Glocken läuteten, Geschütze feuerten und die fromme Schar [wallte] in die Tempel, dem himmlischen Herrn ein Halleluja zu bringen, daß er den irdischen Herrn so wundersam gerettet.«[29]

Vor allem analysiert sie die Ursachen des Attentats.

Zunächst macht sie die Bemerkung, daß man in Preußen froh ist, daß es sich um kein politisches Attentat gehandelt habe.

»Sie trösten sich damit – wohl ihnen – gerade hierin liegt von Neuem der Beweis, daß in Deutschland eine politische Revolution unmöglich ist, zu einer socialen aber alle Keime vorhanden sind. Hat es dort niemals einen politischen Schwärmer gegeben, der das Äußerste gewagt, so ist dagegen der erste, der einen Mordversuch gewagt, aus Noth, aus materieller Noth dazu getrieben worden. Der Mann hat unter beständiger Gefahr des Hungertodes drei Tage in Berlin vergebens gebettelt – also ein socialer Mordversuch! Geht es einmal los, so bricht es aus von dieser Seite – das ist der empfindlichste Fleck und an dem ist auch ein deutsches Herz verwundbar!«[30]

Als Karl diesen Brief empfängt, gehört er bereits zu den Mitarbeitern des »Vorwärts«, einer deutschen Zeitung, die zweimal wöchentlich in Paris erscheint und von dem Komponisten Meyerbeer finanziert wird. Er zeigt dem

Chefredakteur der Zeitung den Brief. Dieser veröffentlicht ihn unter dem Titel »Brief einer deutschen Dame«. Es handelt sich um den ersten öffentlichen Beitrag Jennys in Sachen Revolution.

Während ihrer Abwesenheit von Paris geschieht das wichtigste Ereignis in Karls Leben: er lernt Engels kennen.

Die zwei jungen Leute – sie sind sechs- und dreiundzwanzig Jahre alt – haben sich schon einmal flüchtig in Köln gesehen, als Engels auf einen Sprung bei der Rheinischen Zeitung vorbeikam, um seine Artikel abzugeben. Seitdem hat Engels den »Jahrbüchern« die »Umrisse zu einer Kritik der Nationalökonomie«[31] aus Manchester geschickt, die Marx tief beeindruckt hat. Er, der Theoretiker, der auf höheren Ebenen schwebt, sieht sich plötzlich mit einer Arbeit über die Praxis konfrontiert. Er ist davon ergriffen. Mehr noch: es motiviert ihn, mit dem Studium der politischen Ökonomie zu beginnen, von der er gar keine Ahnung hatte. Alle wichtigen Autoren wird er auf Französisch verschlingen, Adam Smith, Ricardo, Mills... Er vertieft sich so sehr in seine Lektüre, daß Ruge bemerkt, Marx sei für den Journalismus überhaupt nicht geeignet. Er würde wahnsinnig viel lesen, mit einer außerordentlichen Intensität arbeiten, ein kritisches Talent besitzen, das manchmal in eine extravagante Dialektik ausarte, aber nichts zu Ende führen, alles unterbrechen und sich unaufhörlich in einen bodenlosen Ozean neuer Lektüren werfen.

Marx ist also bei sich zu Hause, in Ökonomiebücher versunken, als Engels, aus Großbritannien kommend, sich bei ihm meldet.

Sie verabreden sich im Café de la Régence, und sofort

springt zwischen beiden ein Funke über. Ihre Gespräche sind so intensiv, ihr Verständnis füreinander so tief, daß sie nicht mehr voneinander loskommen. Marx nimmt Engels in die rue Vanneau mit, lädt ihn zum Übernachten ein... Engels wird zehn Tage bleiben, in denen eine Freundschaft entsteht, die ihresgleichen sucht.

Es gibt verschiedene Dinge, die sie gemeinsam haben: erstmal den wunderbaren Eifer, den junge Leute haben, die glauben, die Wahrheit zu besitzen und meinen, die Welt nach dieser Wahrheit neu aufbauen zu können; dann diese hübsche Vulgarität in bezug auf Frauen – was in ihrem Briefwechsel zum Ausdruck kommt, ist geradezu erbauend; ferner die Kampfeslust gegen die »Philister«; und dann dieses Unsagbare, was Freundschaften überhaupt ausmacht.

Während dieser zehn Tage zusammen, geistsprühend wie noch nie, verfassen sie ein Pamphlet gegen die jungen Hegelianer, die sich im Kreis von Bruno Bauer zusammengeschlossen haben (aus dem »Die Heilige Familie« hervorgehen soll). Engels formuliert vier Kapitel, dann muß er wieder fort. Marx greift wieder zur Feder und schreibt dreihundert Seiten! Immer diese Manie bei ihm, sich auszubreiten. Und sich zu verzetteln, denn er hat eigentlich Wichtigeres zu tun. Engels wird sehr erstaunt sein, als er von der Veröffentlichung dieses Textes in Frankfurt erfährt – es war der erste Text, für den Marx ein Honorar bekommt, nämlich tausend Francs. Er ist nicht besonders davon angetan, sondern rügt seinen Freund, der im Grunde nur seine Zeit verloren hat, anstatt sich dem Buch über die politische Ökonomie zu widmen, das er unbedingt beenden soll. »Mach daß Du mit Deinem nationaloekonomischen Buch fertig wirst«, schreibt er, »wenn Du selbst auch mit Vielem unzufrieden bleiben solltest, es ist einerlei, die Gemüther sind reif und wir müssen das Eisen schmieden weil es heiß ist.«[32]

Mit ihnen wird das Eisen immer heiß sein, wie wir sehen werden.

Kaum ist Jenny mit dem Kindermädchen und dem Baby, das bereits vier Zähnchen hat, zurückgekommen, als erneut ein Gewitter zwischen Marx und Ruge losbricht. Beide Männer tragen ihre Meinungsverschiedenheit diesmal direkt in den Spalten der Zeitung »Vorwärts« aus, und diese Konfrontationen wird dramatische Konsequenzen für die Marx' haben.

Ruge hat den Aufstand von Schlesien mit der Bemerkung kommentiert, daß er ohne großen Militäreinsatz zerschlagen wurde. Er meint, daß der König sich gut verhalten und ein »christliches Herz« bewiesen habe. Marx schäumt vor Wut. Er antwortet, daß Ruge »literarische Scharlatanerie« betreiben würde. Und er erklärt, warum eine politische und soziale Revolution nötig sei, um den Sozialismus in Preußen zu verwirklichen.

Die Berliner Behörde schätzt diese Art von Äußerungen nicht, die sie für einen Aufruf zur Revolution hält. Der Botschafter Preußens in Frankreich, Arnim, beschwert sich beim Ersten Minister Guizot. Dann schickt der König von Preußen einen distinguierten Gesandten, Alexander von Humboldt, zum französischen König Louis Philippe, er überbringt diesem einen Brief und ein Geschenk – eine wunderschöne Vase.

Louis Philippe verspricht Humboldt, daß Paris bald von all diesen stürmischen Atheisten, die um den »Vorwärts« kreisen, gesäubert werden wird!

Eines Samstags, am 25. Januar 1845, klingelt ein Polizist an der Tür der rue Vanneau, verlangt Herrn Marx und reicht ihm eine vom Innenminister unterzeichnete Verfügung, in der steht, daß er sofort ausgewiesen wird. Karl Marx muß binnen vierundzwanzig Stunden Paris verlassen.

4

DAS MANIFEST

In Wirklichkeit gewährt man ihm eine Gnadenfrist von einer Woche. Wo soll er hin? So nah wie möglich. Nach Belgien. Am 3. Februar 1845 kommt Karl, von zwei Freunden begleitet, mit einem Eisenbahnzug von Lüttich in Brüssel an, wo er im Hôtel de Saxe absteigt. Jenny hat ihm einen Zettel mitgegeben, auf dem alle Details stehen, wie die Wohnung sein soll, die Marx suchen muß: es soll eine möglichst möblierte Vierzimmerwohnung mit Heizung sein, mit Küche und Abstellraum, er soll darauf achten, daß Wandschränke vorhanden sind...

Sie kümmert sich ihrerseits in Paris um alle praktischen Fragen, handelt die Kündigung des Mietvertrages der Wohnung in der rue Vanneau aus, versteigert ihre Möbel und einen Teil ihrer Wäsche für einen Apfel und ein Ei, um ein paar Schulden zu bezahlen. Die Marx' pfeifen wieder aus dem letzten Loch. Die zwei letzten Tage wird Jenny mit ihrem Baby bei Herweghs wohnen. Der Dichter hat eine Ausweisungsverfügung bekommen, aber beschlossen, so zu tun, als wüßte er nichts davon. Er nistet sich in seiner schönen, luxuriösen Höhle ein.

Schließlich kommt Jenny, bei eiskaltem Wetter, nach Brüssel. Natürlich ist sie wieder schwanger. Das wird bei ihr zur Gewohnheit werden. Ein zweites kleines Mädchen, Laura, wird im September auf die Welt kommen.

Aber an diesem 7. Februar 1845 bittet »Karl Marx, Doktor in Philosophie, sechsundzwanzig Jahre alt« den König von Belgien höflichst um die Erlaubnis, seinen Wohnsitz in Belgien errichten zu dürfen.

Nachdem er einige Tage im Hôtel de Saxe und dann im »Au Bois Sauvage« gelebt hat, zieht er in ein kleines möbliertes Haus in einem entfernten Vorort ein.

Man hat Marx erlaubt, seinen festen Wohnsitz in Belgien zu haben, allerdings wird ihm untersagt, über politische Themen – egal über welche – zu schreiben. Aber es ist doch das einzige, was er kann!

Sehr schnell hat sich eine Gruppe alter Freunde – Bakunin zählt später auch dazu – um ihn versammelt und das ständige Kommen und Gehen und das lange Palavern in den Cafés geht von vorne los. Die Marx' werden nie allein sein. Sie ziehen die Leute an wie der Magnet das Eisen. Aber das Geld fehlt an allen Ecken und Enden für die elementarsten Dinge. Es reicht kaum für das Essen aus.

Von Barmen aus, wo er sich mit seinem Vater dauernd in die Haare kriegt, kündigt Engels an, daß er eine Subskription eröffnet hat und daß das Geschäft gut läuft – es wird siebenhundertfünfzig Taler einbringen. Ferner schlägt er Marx vor, ihm sein Honorar, das er für sein Buch über die Lage der arbeitenden Klassen in England bekommen soll, zur Verfügung zu stellen. Das ist schon nicht schlecht, aber davon kann man kaum leben. Und die Marx' haben kein Einkommen, überhaupt keines.

Während der drei Jahre, die sie in Belgien verbringen, werden sie nur durch Geldspenden und -anleihen existieren können. Aber es wird immer schwieriger, Geld zu leihen. Die Geldgeber ziehen sich zurück, sobald sie begreifen, daß sie ihr Geld nie wiedersehen werden.

Marx fleht seine Mutter an. Vergeblich. Er ist tief verletzt, am Bettelstab zu gehen. Bei jeder erneuten Ablehnung packt ihn die kalte Wut. Er bekommt plötzlich Asthma, eine bei ihm wohl psychisch bedingte Krankheit. Seine Anfälle sind furchtbar. Er wird immer Schwierigkeiten haben, eine bezahlte Arbeit zu finden.

Auch Jenny leidet unter verschiedenen Störungen. Sie hat auf Schwierigkeiten immer mit somatischen Symptomen reagiert. Wenn die Schwierigkeiten zu groß werden, legt sie sich mit irgendwelchen Wehwehchen ins Bett. Zum Glück hat ihr die Mutter ein sehr wertvolles Geschenk gemacht. Einen Engel. Er heißt Helene Demuth, Lenchen oder Nim genannt. Sie ist eine frische, charmante hübsche Blondine, zwanzig Jahre alt und war das Hausmädchen von Frau von Westphalen, die ihr alles beigebracht hat, was man zur Haushaltsführung eines guten Hauses wissen muß.

Sie liebt Jenny. Bald wird sie auch Karl lieben.

Das Wort Aufopferung reicht nicht aus, um das auszudrücken, was Lenchen den Marx'- und ihren Kindern – im Laufe der Jahre und bis zu ihrem Tod gegeben hat. Man muß mindestens von Liebe sprechen. Sie war ein Hausmädchen von bewunderungswürdiger Selbstlosigkeit dem Genie gegenüber – wir werden später darauf zu sprechen kommen, was sie dafür als Gegenleistung bekommen hat. Keine schöne Sache, ein scheußlicher Fleck auf Marx' Gesicht, so häßlich, daß manche heute noch hartnäckig darauf bestehen, daß er nicht existiert. Aber vergessen wir ihn vorerst.

Lenchen kommt bereits in den ersten Wochen in Belgien an und ist sofort sehr tüchtig. Als kein Geld mehr da ist, um sie zu bezahlen, weigert sie sich wegzugehen.

Ab Ende April 1845 ist auch Engels da, er hat für Nachschub gesorgt. Endlich wird Jenny ihn kennenlernen!

Hätte sie sich eigentlich vorstellen können, als sie diesen eleganten und lustigen jungen Mann vor sich sah, daß auch er von nun an die Frau von Marx sein würde? Dieser Ausdruck klingt vielleicht merkwürdig, das gebe ich zu. Er soll auch nicht auf eine eventuelle Homosexualität zwischen den beiden Männern anspielen, denn weder der eine noch der andere waren wohl jemals in dieser Richtung aktiv. Aber auf der psychischen Ebene dürfte Engels wohl eine sehr starke weibliche Komponente besessen haben, sonst hätte er sich nicht jahrelang Marx gegenüber so verhalten, wie man es allein von einer verliebten Frau erwarten kann. Wie weit er mit seiner Selbstlosigkeit gegangen ist, das werden wir noch sehen. Es ist unvorstellbar.

Ohne daß ich irgendwelche Beweismittel in der Hand hätte, behaupte ich einfach, daß Jenny Friedrich Engels auf den ersten Blick nicht ausstehen konnte, ohne es jemals gezeigt zu haben. Und sie hatte gute Gründe dazu. Wenn die beiden Männer nicht zusammen waren, schrieben sie sich quasi jeden Tag in einem mit englischen Wörtern gespickten Deutsch. Ihr Briefwechsel füllt fünf Bände. Ihre Beziehung ist so emotional, daß Marx Engels Eifersuchtsszenen macht, wenn dieser Freunde empfängt.

Jenny wird stets Engels »schlechten Einfluß« auf Marx anprangern. Sie wird sich immer weigern, ihn mit seiner Freundin Mary Burns, einer ehemaligen Arbeiterin, einzuladen, angeblich deshalb, weil das Paar nicht verheiratet ist. Wir befinden uns zwar noch im 19. Jahrhundert, das stimmt schon, aber von einer mutmaßlichen Revolutionärin ist diese Haltung doch merkwürdig... Sie würde es nicht akzeptieren, wenn man es ihr sagen würde, sie würde schockiert sein und ihre hübsche Nase rümpfen: sie ist schlicht und ergreifend eifersüchtig auf Engels.

Der junge Mann zieht in das Haus nebenan ein. Er kommt jeden Tag vorbei, zum Mittagessen, zum Abendessen und natürlich auch, um zu arbeiten. Mit fünfundzwanzig Jahren besitzt dieser schöne Kerl bereits ein durch und durch strukturiertes Denken und beherrscht die materialistische Geschichtsphilosophie. Er beginnt mit Karl zusammen die »Deutsche Ideologie« auszuarbeiten. Während sie zusammen arbeiten, jubeln sie, brechen in schallendes Gelächter aus und berauschen sich an ihren eigenen respektlosen Äußerungen.

Am Abend begleitet sie Jenny in irgendwelche Cafés in der Stadtmitte, wo sich die Emigranten treffen. Unter ihnen befindet sich der berühmte Dichter Ferdinand Freiligrath, der von der preußischen Polizei verfolgt wird. Er ist ein hübscher Mensch, der einstmal akzeptiert hat, eine Pension vom König von Preußen zu bekommen, denn »der Dichter steht auf einer höhern Warte, als auf den Zinnen der Parthei«[33], wie er einmal schrieb. Marx ist mit ihm streng ins Gericht gegangen. Aber drei Jahre später ist der Dichter vom revolutionären Fieber der deutschen Jugend befallen und stürzt sich in den politischen Kampf. Er schreibt ein Gedichtbüchlein, das »Glaubensbekenntnis«, dem er ein Vorwort voranstellt, in dem er sagt: »Fest und unerschütterlich trete ich auf die Seite derer, die mit Stirn und Brust der Reaction sich entgegenstemmen!«[34]

Das Buch wird verboten. Freiligrath läßt es dennoch drucken, verzichtet auf seine Pension und emigriert nach Brüssel.

Kaum ist er da, empfängt er den Besuch von Marx, der von seiner engagierten Haltung sehr beeindruckt ist und die Ungerechtigkeit, die er ihm hat widerfahren lassen, wiedergutmachen will. Freiligrath empfängt ihn mit Wohlwollen, findet diesen »netten Kerl interessant, nicht eingebildet« und schließt sich dem Freundeskreis von Jenny und Karl an.

Auch Edgar, Jennys Bruder, ist bei der kleinen Truppe aktiv dabei, er ist in Brüssel gelandet und wohnt bei den Marx'. Sie werden immer ein offenes Haus haben. Dieser Edgar ist stinkfaul. Oder, wenn man so will, er mag lieber mit Marx plaudern oder ihm zuhören – was er seit seiner Kindheit unermüdlich gern tut – und von der Revolution träumen, denn als Gerichtsreferendar im Landgericht von Trier zu arbeiten. Er sucht irgendwie Arbeit in Brüssel, aber lebt vor allem von der finanziellen Unterstützung seiner Mutter, was Karl auf die Palme bringt. Da die Revolution auf sich warten läßt, wird er schließlich nach Texas fahren, um dort sein Glück zu versuchen.

Die Marx' haben auch einen jungen preußischen Offizier aufgenommen, Joseph Weydemeyer, der aus politischer Überzeugung die Armee verlassen hat. Er kam nach Brüssel, weil sich dort die Quelle der neuen Doktrin befindet. Weydemeyer und seine Frau werden enge Freunde werden.

Am Ende ihrer Schwangerschaft läßt Jenny ihre Männer mit ihren Überlegungen über die »Deutsche Ideologie«[35] allein und fährt nach Trier. Lenchen und die Kinder begleiten sie. Wie immer, wenn sie mit ihrer Mutter zusammen ist, genießt Jenny die angenehmen langen Gespräche, die unverwüstliche und warme Zärtlichkeit. Aber sie kann nicht länger verschweigen, daß Karl weder eine stabile berufliche Situation noch eine andere Perspektive im Sinne hat als die Revolution. Vorbei die Komödie der jungen Frau des brillanten Journalisten... Sie wird sich so weit erniedrigen, daß sie Frau Marx aufsuchen wird, um bei ihr etwas Geld lockerzumachen. Vergeblich. Die alte Dame läßt mit sich nicht reden.

Jenny schreibt Karl:

»Mir selbst ist auch gar zu wohl in klein Deutschland! Nicht wahr? Zu dem Ausspruch, Euch Erzdeutsch Fressern gegenüber gehört ein starker Muth – aber ich habe ihn, und trotz alledem und alledem lebt sichs ganz gut im alten Sündenlande...«[36]

Während sie in Trier verweilt, fahren Karl und Engels zusammen nach Großbritannien, wo sie im Zentrum der kapitalistischen Welt sechs Wochen verbringen werden.

Ein Brief von Engels, den er 1847 von Paris aus geschrieben hat, um Marx aufzufordern, sich mit ihm zu treffen, gibt eine Vorstellung von der Art der Beschäftigungen dieser jungen Herren: »...und habe um dieselbe Zeit auch einiges Geld. Wir könnten dann einige Zeit höchst fidel zusammen verkneipen. [...] Hätt ich 5000 fr. Renten, ich thät nichts als arbeiten und mich mit den Weibern amüsieren bis ich kaputt wär. Wenn die Französinnen nicht wären, wär das Leben überhaupt nicht der Mühe werth. Mais tant qu'il y a des grisettes, va!« Und weiter: »Das Verlangen etwas mit Dir zu kneipen ist auch meinerseits sehr groß.«[37]

Er erzählt außerdem, daß er zwei Mädchen mitgenommen habe, die ein Freund von ihm aufgabelt hätte...

Zusammen zu »verkneipen«, sich mit Weibern amüsieren, ein paar Mädchen aufgabeln, all dies ist nicht gerade sehr originell. Marx und Engels hatten ganz einfach für die Freuden des Lebens etwas übrig.

Sie haben sich bestimmt nie die Frage gestellt, welche Freuden Jenny in ihrem Leben hatte oder ob sie überhaupt welche hatte. Im 19. Jahrhundert stellte man sich solche Fragen nicht. Selbst im 20. Jahrhundert...

Jenny ist wieder in Brüssel, als Karl endlich zurückkommt: vier Tage später kommt eine kleine Laura auf die Welt. Sechzehn Monate später wird die Geburt Edgars sein.

In zwölf Jahren wird Jenny sieben Kinder auf die Welt bringen. Vier von ihnen wird sie verlieren. Sie gehört also zu dem Durchschnitt der Frauen ihrer Epoche, die ewig schwanger und oft tiefbetrübt waren, weil eine Rippenfellentzündung oder eine Diphtherie ein armes Kind hinweggerafft hatte.

Trotz ihrer finanziellen Unsicherheit und der schlechten Wohnbedingungen, denen sie gezwungenermaßen ausgesetzt waren, hat ihr Mann es scheinbar nie für nötig gehalten, diese Geburten auf längere Zeiträume zu verteilen. Sie selbst wollte es vielleicht auch nicht... Man kann diese Dinge nicht mit unseren heutigen Augen beurteilen.

Im Mai 1846 sind die Marx' wieder im Hotel »Au Bois Sauvage«. Marx schreibt an seinen Freund Weydemeyer:

»Du weißt, daß ich in einer großen Geldklemme bin. Um mich in den letzten Zeiten hier momentan noch halten zu können, habe ich die letzten Gold und Silbersachen und einen großen Theil der Leinwand versetzt. Ich habe auch, um zu ökonomisiren einstweilen die eigne Wirthschaft aufgegeben, und bin hier in den Bois sauvage gezogen. Ich hätte sonst auch noch eine neue Magd miethen müssen, da das kleinste Kind [Laura] jezt entwöhnt wird.«[38]

Merkwürdiger Brief, wenn man ihn unter die Lupe nimmt. Trotz aller unsicheren Umstände sind die Vorräte an Silber nicht aufgebraucht – und sie werden es diesmal immer noch nicht sein! Was Herrn und Frau Marx betrifft, können sie sich nicht vorstellen, nur mit einem Hausmädchen auszukommen. Mit zwei Kindern brauchen sie zwei Hausangestellte, sonst müssen sie ins Hotel umziehen. Sie haben wohl eine sehr persönliche Art, arm zu sein.

Ab Oktober 1846 wohnen sie wieder in einem kleinen Häuschen in der rue d'Orléans. Das konnten sie, weil Karls holländischer Onkel, der Bruder seiner Mutter, der um Unterstützung gebeten worden war, sich großzügig gezeigt hatte.

Aber als Marx Ende des Jahres 1847 mit Engels nach London fahren muß, um an dem zweiten Kongreß des »Bundes der Kommunisten« teilzunehmen, und Jenny, die mit ihrem dritten Kind hochschwanger ist, zurückläßt, schreibt er dem russischen Journalisten Pavel Annenkov: »Meine ökonomische Lage ist in diesem Augenblick in einer solchen Crise, daß meine Frau wahrhaft von den Gläubigern harcelirt wird und sich in ganz miserabler Geldverlegenheit befindet. [...] In dieser Situation [...] würden Sie mich wahrhaft retten vor den schlimmsten Ereignissen, wenn Sie meiner Frau eine Summe von 100 bis 200 francs könnten zukommen lassen...«[39]

Annenkov hat Vermögen. Wie alle Männer, die mit den Marx' zusammen sind, bewundert er Jenny. Mit Feinfühligkeit kommt er der Aufforderung nach, ohne Jenny über die von ihrem Mann unternommenen Schritte zu informieren.

Karl kommt gerade rechtzeitig zur Geburt des Babys am 13. Dezember 1847 vom Kongreß zurück. Hurra! Es ist ein

Sohn! Man nennt ihn Edgar. Sein Spitzname wird Musch sein. Marx ist glücklich. Was hält Jenny von einer Flasche Champagner, um das glückliche Ereignis zu feiern?

In Erwartung des Kongresses hatte Engels Marx vorgeschlagen, eine Art Credo zu formulieren, das einige wichtige Punkte zusammenfassen würde. Der Kongreß erteilte Marx den Auftrag, einen solchen Text, d.h. ein theoretisches wie praktisches Programm, zu verfassen. Kaum in Brüssel zurück, fängt Marx damit an. Und kaum vom Wochenbett aufgestanden, hilft ihm Jenny dabei. Sie ist gleichzeitig seine Sekretärin und Schreibkraft und schreckt nicht davor zurück, einzugreifen, wenn sie es für nötig hält – im Gegenteil. Sie macht diese Arbeit leidenschaftlich gern. Sie findet darin ihre eigentliche Verwirklichung, es erfüllt sie mit Befriedigung zu wissen, daß sie bei der Entzifferung dieser Blätter – was ein anderer nie schaffen würde – unentbehrlich ist, Seiten, die ein Denken transportieren, das von ihr befruchtet wird. »Sehr ehrgeizig«, sagte von ihr Frau Herwegh. In der Tat. Sie hat den starken Ehrgeiz, daß das Genie ihres Mannes anerkannt wird und sie tut alles dafür.

Das Schreiben geht aber nicht so schnell voran, weil Engels wieder nach Paris gefahren ist und Karl ihn nicht so oft zu Rate ziehen kann. Einer der berühmtesten Texte der Welt, die Bibel der modernen Zeiten, »Das Manifest der kommunistischen Partei« wird also die Frucht einer intensiven Zusammenarbeit zwischen zwei jungen preußischen Bourgeois sein, die dabei von einer hübschen Aristokratin unterstützt werden.

Man weiß nicht, wer den ersten Satz formuliert hat: »Ein Gespenst geht um in Europa – das Gespenst des Kommunismus…« Aber man weiß, von wem der letzte stammt: »Proletarier aller Länder vereinigt euch!« Er ist von Engels.

Das Ganze macht ungefähr dreißig Seiten aus, die erste Ausgabe hat eine Auflage von fünfhundert Exemplaren. Es ist ein spannender Text, von einer solchen Gewalt, von einer solchen Heftigkeit, daß man sich gut vorstellen kann, daß er seine ersten Leser und nach ihnen Millionen und Abermillionen Männer und Frauen mitgerissen hat.

Wir wollen einen Augenblick dabei verweilen. Es ist wichtig, um Jenny zu verstehen und die Dinge ins rechte Licht zu rücken.

Das Manifest legt zehn Maßregeln fest:
1. Expropriation des Grundeigentums und Verwendung der Grundrente zu Staatsausgaben.
2. Starke Progressivsteuer.
3. Abschaffung des Erbrechts.
4. Konfiskation des Eigentums aller Emigranten und Rebellen.
5. Zentralisation des Kredits in den Händen des Staats durch eine Nationalbank mit Staatskapital und ausschließlichem Monopol.
6. Zentralisation des Transportwesens in den Händen des Staats.
7. Vermehrung der Nationalfabriken, Produktionsinstrumente, Urbarmachung und Verbesserung der Ländereien nach einem gemeinschaftlichen Plan.
8. Gleicher Arbeitszwang für alle, Errichtung industrieller Armeen, besonders für den Ackerbau.
9. Vereinigung des Betriebs von Ackerbau und Industrie, Hinwirken auf die allmähliche Beseitigung des Unterschieds von Stadt und Land.

10. Öffentliche und unentgeltliche Erziehung aller Kinder. Beseitigung der Fabrikarbeit der Kinder in ihrer heutigen Form. Vereinigung der Erziehung mit der materiellen Produktion usw.[40]

Man schätze besonders die »Abschaffung des Erbrechts«, die von einem Mann gefordert wird, der selber hartnäckig hinter seiner eigenen Erbschaft her war. Aber das sei nur als Anekdote nebenbei erwähnt.

Der Kapitalismus der Gesellschaft, in der das »Manifest« entstanden ist, ist nicht mit dem heutigen vergleichbar. Auf der technischen Ebene recht wirkungsvoll, ist er auf der sozialen Ebene unerträglich. Übermächtige Fabrikbesitzer zwingen wehrlosen Arbeitern ihre Gesetze auf, werfen sie hinaus, wenn sie nicht mehr gebraucht werden oder wenn sie zum Schuften zu alt geworden sind, ohne daß sie Einspruch erheben können. Frauen und Kinder werden bis auf die Knochen ausgebeutet. Die Familien leben in Löchern zusammengepfercht. Die Freiheit ist die des Huhns, wenn der Fuchs im Hühnerhof ist. So war das System, an dessen Spitze die Kapitalisten von damals standen.

Dieses System ist heute passé, doch nach wievielen Unruhen und Kämpfen! Eben gegen dieses System lehnen sich diejenigen auf, deren Geschichte wir hier erzählen. Sie sind sicherlich nicht dessen Opfer gewesen, aber wohl dessen entrüstete Zeugen, die überzeugt waren, daß man die Welt verändern müsse und daß dies die Aufgabe des Proletariats sei.

Ist Jenny eigentlich davon überzeugt, daß die Geschichte Gesetzen und nicht dem Einfluß von einzelnen Individuen, wer immer sie sein mögen, unterworfen ist?

Daß sie sich durch die Dialektik der antagonistischen sozialen Klassen, den Klassenkampf, entwickelt, wie das »Manifest« es verkündet? Ja, sie ist es. Sie ist keine Wohltätigkeitsdame, die für humanitäre Hilfe etwas übrig hätte, sondern ein kleiner Soldat des Marxismus.

Mit anderen Worten: zwischen Karl und Jenny ist eine authentische geistige Übereinstimmung vorhanden, Jenny kann auf der intellektuellen Ebene alles nachvollziehen, was er schreibt.

Wenn die Männer, die ständig um Marx sind, sie verehren, so nicht nur wegen ihrer hinreißenden Schönheit und der warmen und witzigen Atmosphäre, die sie um sich verbreitet, sondern weil sie den Eindruck haben, daß diese stolze junge Frau – womöglich noch mehr als Marx selbst – sich der gerechtesten Sache der Welt in den Dienst stellt.

Ende Dezember kümmert sie sich um das Schmücken des Saales, wo das Neujahrsfest des Deutschen Arbeitervereins stattfinden soll. Es ist ein schönes Fest. Mehrere Redner ergreifen das Wort, unter ihnen Marx, der auf Französisch einen Toast auf Belgien ausbringt, dessen beispielhafter Liberalismus sich vom Absolutismus abhebt, der in Europa herrscht. Die »Deutsche Brüsseler Zeitung« veröffentlicht einen Bericht über den Abend:

»...Kein Mißton störte das zugleich gesinnungsvolle und doch heitere Fest. Eine Menge Damen in eleganten Balltoiletten haben daran teilgenommen, und wir haben schöne Frauen den patriotischen Reden lebhaft Beifall klatschen sehen. Nach dem Bankett folgte Musik, sodann eine dramatische Vorstellung, worin Frau Dr. Marx ihr geniales Deklamationstalent entwickelte [...] Es macht einen wohltuenden Eindruck, wenn man ausgezeichnete Frauen für die Ausbildung des Proletariats wirken sieht.«[41]

Dieses Talent, ausgezeichnet vorzutragen, besaß Jenny schon als Jugendliche, als sie bei den Empfängen ihrer Mutter Gedichte vortrug oder Szenen von Shakespeare spielte. Ohne daß sie es zur Schau stellen würde, macht sie gern Gebrauch davon.

Gleich am nächsten Morgen nach dem Fest setzen sie sich wieder an die Arbeit. Am 9. Februar 1848 – hurra! – bekommt Marx eine Anzahlung von sechstausend Francs aus der Erbschaft seines Vaters. Sie sind zunächst alle materiellen Sorgen los.

Das »Manifest«, dieses mitreißende Loblied auf die Bourgeoisie, deren baldigen Tod Marx gleichzeitig voraussagt, erscheint Anfang März 1848. (Reiner Zufall, wenn Lewis Carroll zur gleichen Zeit »Alice im Wunderland« publiziert!)

Zu fast gleicher Zeit war in Paris die Revolution ausgebrochen und wird sich von dort wie eine Feuerschlange in ganz Europa ausbreiten.

Alles fängt mit einem Bankett an, das verboten wurde. Damals wurden Banketts organisiert, um den Widerstand gegen die Regierung, insbesondere gegen den Ersten Minister Guizot, zum Ausdruck zu bringen. Der Aufruhr beginnt, man schreit »Es lebe die Reform!« Am nächsten Morgen werden Barrikaden errichtet, Demonstranten ziehen durch die Straßen von Paris. Louis Philippe, der damit nicht gerechnet hatte, beschließt, Guizot zu entlassen. Am 23. Februar gegen 10 Uhr abends findet auf dem boulevard des Capucines ein Gemetzel statt. Ganze Kolonnen von unbewaffneten Demonstranten stoßen mit einer Kompanie des 14. Regiments zusammen, es gibt mehr als hundert Verletzte und sechzehn Tote, was schwerwiegende Folgen haben wird. Eine Waffenfabrik wird geplündert; unter den Plünderern befindet sich Baudelaire, der ein Gewehr an sich reißt und schreit: »Erschießen wir den General Aupick! Erschießen wir den General Aupick!« Er handelt zwar im revolutionären Geist, aber er hat mit dem Mann seiner Mutter noch eine Rechnung zu begleichen. Das Volk stürmt die Tuilerien...

Dem Ratschlag des Journalisten Emile de Girardin folgend, beschließt der letzte König von Frankreich – ein dicker, friedfertiger, alternder Mann – abzudanken. In der Kammer ruft der Dichter Lamartine aus: »Das Programm besteht darin, dieses miserable Mißverständnis aufzuheben, das seit einigen Jahren zwischen den verschiedenen Klassen von Bürgern existiert und das uns daran hindert, uns als ein Volk zu begreifen und uns zu lieben und zu umarmen.«

Er marschiert auf das Hotel de Ville. Man könnte sagen, daß die Juli-Dynastie mehr unter Pfiffen als unter Schüssen gefallen ist.

Eine provisorische Regierung wird gebildet, die II. Republik proklamiert, Lamartine, der Außenminister wird, ist die Galionsfigur der Regierung.

Die Februartage wirken sich quasi sofort aus. Auch ohne Fernsehen verbreitet sich das Echo der Ereignisse von Paris sehr schnell, und überall werden die Trommeln der Revolte gerührt.

In Brüssel gärt es im Volk. Marx, stark erregt, ist sofort davon überzeugt, daß durch die Februar-Ereignisse die Totenglocke für die Bourgeoisie geläutet hat. Marx, der seine Erbschaft noch nicht vergeudet hat, zahle großzügig »Dolche und Revolver«, schreibt Jenny später einmal. Sie hätte nichts dagegen gehabt.

Das Dumme daran ist nur, daß sich Marx als Ausländer verpflichtet hatte, politisch abstinent zu bleiben. Die Polizei ist beunruhigt: woher kommt das Geld für die Waffen? Wie dem auch sei, ob Ausländer oder Belgier, alles, was sich revolutionär nennt, wird in den gleichen Topf geworfen. Vierunddreißig Belgier und fünf Deutsche werden verhaftet. Weitere Ausländer werden ausgewiesen.

Am 3. März ist Marx an der Reihe. An diesem Nachmittag hat sich der Zentralrat des »Bundes der Kommunisten« bei ihm versammelt und ihn beauftragt, das Hauptquartier der Organisation in Paris zu eröffnen. Marx sehnt sich danach, nach Paris zurückzukehren. Er hat Aufenthaltsverbot in Frankreich, aber er hat die provisorische Regierung gebeten, diese Maßnahme aufzuheben und wartet auf die Antwort.

Am Abend bekommt er von der belgischen Regierung eine Ausweisungsverfügung. Aber wohin kann er gehen? Während er seinen Koffer packt, dringen ein Kommissar und zehn Polizisten um 2 Uhr nachts bei ihm ein, sie durchsuchen das Haus und nehmen Marx mit, um ihn zu verhören, sagen sie. Von diesen Männern flankiert, zieht er in der Nacht ab. Jenny ist außer sich, sie läuft zu einem befreundeten Rechtsanwalt und bittet ihn, einzugreifen. Sie möchte wissen, wo sich ihr Mann befindet und fleht den Polizisten vor ihrer Tür an. »Sie möchten Ihren Mann sehen? Kommen Sie mit!« sagt er. Und sie folgt dem Polizisten. Von einem Kommissar wird sie grob empfangen und in eine Zelle mit dem üblichen Haufen von Straffälligen und Prostituierten wegen »Landstreicherei« eingesperrt.

Solche Scherze liebt Frau Marx, geborene Baronin von Westphalen, nun überhaupt nicht.

Am nächsten Morgen erblickt sie durch die Gitterstäbe ihres Fensters Karl, der von Militärs bewacht wird. Ihr Herz droht stillzustehen. Sie wird zwei Stunden lang verhört und nach achtzehn Stunden im Gefängnis schließlich freigelassen, ebenso wie Karl.

Diese Geschichte erregt Aufsehen in Brüssel. Karl prangert witzigerweise – obwohl es nicht seine Absicht war, witzig zu sein – »die Behandlung, die einer Dame aus der preußischen Aristokratie auferlegt wurde...« an. Der verantwortliche Kommissar wird abgesetzt werden.

An jenem 4. März 1848 erreichen ihn zeitgleich zwei Briefe. Im ersten wird ihm die Order erteilt, Brüssel sofort zu verlassen. Der zweite kommt von der französischen Regierung: »Wackerer, aufrichtiger Marx, der Boden der französischen Republik ist eine Freistätte für alle Freunde der Freiheit. Tyrannenmacht hat Sie verbannt, das freie Frankreich öffnet Ihnen seine Tore wieder. Ihnen und all denen, die für die heilige Sache, die brüderliche Sache aller Völker kämpfen. Alle Beamten der französischen Regierung sollen ihre Aufgabe in diesem Sinne verstehen.« Unter dem Brief steht die Unterschrift von Ferdinand Flocon, Mitglied der provisorischen Regierung. Bald wird Flocon Landwirtschaftsminister der II. Republik sein.

»Paris stand uns so wieder offen, und wo hätten wir uns damals wohler gefühlt als unter der eben aufblühenden Sonne der neuen Revolution? Dorthin hieß es, dorthin!«[42]

Jenny packt ihre Habseligkeiten zusammen, stopft ihre Koffer voll mit wertvolleren Dingen – vor allem ihr Silber (immer das Silber!) – , die sie in Brüssel in der Obhut des freundlichen Buchhändlers Vogler zurückläßt, und nach dreijährigem Aufenthalt in Brüssel machen sich alle Marx', groß und klein, begleitet von dem mehr als wertvollen Lenchen, nach und nach auf den Weg nach Paris.

Die belgische Polizei begleitet Karl Marx und Ferdinand Wolff bis zur Grenze. Das Wetter ist trüb und kalt, der Zug überfüllt. Durch die jüngsten Unruhen gibt es viele Verkehrsstörungen. In Valenciennes sind die Schienen herausgerissen worden. In Saint-Denis ist der Bahnhof abgebrannt.

Während Lenchen sich um die Kinder kümmert, machen sich die Marx' erschöpft auf die Suche nach ihren alten Freunden. Zunächst besuchen sie die Herweghs, die sie sehr verändert finden. Oder haben sie sich selbst in diesen drei Jahren verändert?

Dann Heinrich Heine. Aber der Dichter ist krank, sehr krank. Als Karl in sein Zimmer eintritt, sind zwei Krankenschwestern dabei, ihn ins Bett zu packen. Er murmelt: »Wie Sie sehen, lieber Marx, nehmen mich die Frauen immer noch in ihre Arme...«

In Paris sind noch die Narben des Aufstands zu sehen, herausgerissene Bäume, aufgehäufte Pflastersteine neben den Barrikaden, zerschlagene Schaufenster, auseinandergebrochene Droschken.

Bereits am Tag seiner Ankunft wird Marx Mitglied der Gesellschaft für die Menschen- und Bürgerrechte, die von Flocon und Ledru-Rollin gegründet wurde. Dann gründet er den »Klub der deutschen Arbeiter«. Flocon bietet ihm Geld an, damit er eine Zeitung herausgibt: er lehnt es ab, weil er seine Unabhängigkeit gegenüber dem französischen Ministerium bewahren will.

Von der Regierung, die froh ist, eventuelle Unruhestifter loszuwerden, unterstützt und finanziert, ist eine Legion von Pariser Deutschen entstanden, die sich zum Ziel gesetzt hat, in Deutschland den Aufstand zu propagieren. Marx ist – trotz der Begeisterung dieser Arbeiter – strikt gegen eine solche Aktion, solange eine korrekte Analyse bzw. eine realistische Einschätzung der Situation nicht vorliegt.

Er ist nicht der Mann der physischen Konfrontation. Aber was tun? Wenn er sich zu lange in Frankreich aufhält, wird er als Verräter oder als Feigling gelten.

Am 13. März wird Metternich in Wien gestürzt. Am 18. März erhebt sich das Volk in Berlin, da muß man an Ort und Stelle sein, selbst wenn nach der Theorie Marx' das Schicksal der europäischen Revolution in Paris entschieden werden soll.

Am 30. März bekommt er von der Polizei einen für ein Jahr gültigen Reisepaß. Am 11. April, während Jenny mit den drei Kindern nach Trier fährt, kommt Karl, von Engels und Ernst Dronke begleitet, in Köln an. Er arbeitet sofort Pläne aus, um eine Zeitung zu gründen. Das Projekt wird sehr schnell konkretisiert. Die »Neue Rheinische Zeitung« entsteht.

5

DAS FORT

Also sind die Marx' wieder in ihrer Heimat.

Aber ist es wirklich ihre Heimat? Drei Jahre vorher, im Jahre 1845, hat Marx leichtsinnig gehandelt und seine preußische Staatsangehörigkeit aufgegeben, als er ein Visum für die Vereinigten Staaten bekommen wollte. Jetzt muß er seine Staatsbürgerschaft wiedererlangen, wenn man sie ihm überhaupt wiedergeben will, und bis dahin muß er zumindest eine Aufenthaltsgenehmigung in Köln bekommen.

Die Aufenthaltserlaubnis wird ihm erteilt, aber er wird nie seine verlorene Staatsbürgerschaft wiederbekommen. Er wird fortan bis zum Ende seines Lebens ein Staatenloser sein, immer von der Gefahr einer Ausweisung bedroht, überall, wo er sich befindet...

Seine eigentliche Heimat, das ist seine Zeitung, jene »Neue Rheinische Zeitung«, deren erste Nummer am 1. Juni 1848 erscheint, als der Belagerungszustand in Mainz herrscht und der Prinz von Preußen auf der Flucht ist.

Über diese Zeitung herrscht Marx als absoluter Diktator. Das Geld für die Zeitung? Sie wird von reichen Bourgeois finanziert, die sich aber bald zurückziehen, weil sie vor manchen übertriebenen Formulierungen zurückschrecken. Marx investiert alles, was von seiner Erbschaft übriggeblieben ist, in seine Zeitung. Juristisch gehört sie ihm.

Es ist ein Kampforgan, das kommentiert, angreift und die Ereignisse herauszufordern versucht. Marx möchte nicht über die Politik nachsinnen, sondern unmittelbar Politik machen.

Sobald er die für Jenny beantragte Aufenthaltsgenehmigung in den Händen hat, kommt sie von Trier nach Köln. Sie waren zwei Monate getrennt gewesen, das ist eine lange Zeit. Sie war an den Anfängen der Entstehung der Zeitung nicht beteiligt, das ist hart. Es wird mit ihm immer hart sein. Sie ziehen zusammen in die Caecilienstraße 7 ein, neben der Redaktion.

Karl arbeitet sehr viel, Engels hilft ihm dabei. Aber eine Tageszeitung ist schwer zu bewerkstelligen. Auf allen Versammlungen und Sitzungen von Komitees oder Gremien ist er zu sehen, mit seiner graumelierten Mähne, schon als Dreißigjähriger. Seine Familie sieht ihn so gut wie gar nicht mehr. Jenny hält es aus, weil sie stolz auf die Zeitung ist. Das »Fort«[43], sagt Marx, wenn er von der »Neuen Rheinischen Zeitung« spricht. Er liegt auf der Lauer wie ein Schütze mit seinem Maschinengewehr. Für ihn ist schreiben handeln. Er ergötzt sich an diesem Handeln, auch wenn die Dinge nicht so laufen, wie er möchte.

Die Konterrevolution hat sich überall in Marsch gesetzt. Die Arbeiter von Paris sind im Juni 1848 blutig niedergemetzelt worden. In Wien, Prag und Budapest ist eine Wende eingetreten. In Berlin hat der König, dessen Macht eine Zeit lang ins Schwanken geraten war, die Zügel der Regierung wieder fest in die Hand genommen. 1849 ist das Jahr der erschöpften Revolution.

Karl Marx schreibt: »...Der Klassenkrieg innerhalb der französischen Gesellschaft schlägt um in einen Weltkrieg, worin sich die Nationen gegenübertreten. Die Lösung, sie beginnt erst in dem Augenblick, wo durch den Weltkrieg das Proletariat an die Spitze des Volkes getrieben wird, das den Weltmarkt beherrscht, an die Spitze Englands.«[44]

Es ist nicht gerade seine Stärke, Prognosen anzustellen. Wirklich nicht.

Um die Zeitung herum werden die Dinge immer verwikkelter. Mit dem ganzen Wirbel, den Marx veranstaltet, hat er sich dreiundzwanzig Prozesse bei der »Neuen Rheinischen Zeitung« eingehandelt. Der Innenminister verlangt mehr: die Ausweisung. Aber die Behörde in Köln zögert... Marx findet Gehör. Aber jetzt, nach dem niedergeschlagenen Aufstand im Rheinland, im Ruhrgebiet und in Dresden, wo der Aufstand eine Woche gedauert hat, bis die Stadt unterlag, wo man gesehen hat, wie Richard Wagner und Bakunin – ein seltsames Paar – zusammen geflüchtet sind, jetzt also ist es so weit, daß man auch Marx zur Rechenschaft ziehen kann. Es besteht keine Gefahr, daß die öffentliche Ordnung dadurch gestört würde.

Am 16. Mai bekommt er einen Ausweisungsbefehl. Marx und seinen Angehörigen bleibt nichts anderes übrig, als eine neue Zufluchtsstätte zu suchen.

Sein »Fort« fällt in aller Pracht. Die letzte Ausgabe, die 301, wird mit einer Auflage von zwanzigtausend Exemplaren mit roter Farbe gedruckt herausgegeben! Rot wie die rote Fahne der Revolution und des Terrors. Eine Farbe, die er für die vorhergehenden dreihundert Nummern nie gerührt hatte.

Ein Gedicht von Freiligrath (»Nun ade, nun ade, du kämpfende Welt...«) wird als »Abschiedswort der Neuen Rheinischen Zeitung«[45] mitten auf eine Seite gesetzt; in einem Artikel druckt Marx seinen Ausweisungsbefehl mit dem Hinweis ab: »Wir sind rücksichtslos, wir verlangen keine Rücksicht von Euch. Wenn die Reihe an uns kömmt, wir werden den Terrorismus nicht beschönigen.«[46]

Engels verkündet schließlich die baldige »Verbrüderung der Armee mit der revolutionären Partei...«[47]

Die rote Nummer der »Neuen Rheinischen Zeitung«, heute ein Sammlerstück, bedeutet das Ende der ersten radikaldemokratischen Zeitung.

Die Marx' sind schon wieder im Einsatz. Zum Glück gibt es den Zufluchtsort Trier, wo Jenny jederzeit herzlich aufgenommen wird. Sie verkauft ihre Möbel, bevor sie beschlagnahmt werden, denn die Zeitung ist völlig verschuldet, sie trägt die von Marx angehäuften dreihundert Bücher zu einem Freund, Doktor Daniels, sie verkauft eine Silberschüssel, um etwas Geld in der Tasche zu haben, und fährt mit den Kindern und Lenchen los.

Marx und Engels ziehen in Deutschland eine Zeit lang herum, dann trennen sie sich. Engels tritt in die revolutionären Badischen Freischaren ein, eine Armee, die nach ein paar blutigen Kämpfen schließlich in der Schweiz Zuflucht suchen wird. Später wird Engels von seinen Freunden »General« genannt, auch die Kinder von Marx nennen ihn so, ein Spitzname, der ihm übrigens nicht mißfällt, im Gegenteil.

Was Marx betrifft, besorgt er sich einen Reisepaß unter dem Namen Meyen und wendet sich Paris zu, wo er sich unter dem Namen Ramboz im Hotel »Voltaire« in der rue de Lille 45 niederläßt.

In Paris hat sich die Republik seit einem Jahr etwas verändert. Jetzt regiert Louis Napoleon Bonaparte, und man versteht keinen Spaß mit Revolutionären oder mit denen, die man für solche hält. Aber vor allem richtet die Cholera Verwüstungen an.

Marx, unverbesserlich, verkündet (in einem Brief an Engels): »Trotzdem stand ein kolossaler Ausbruch des Revolutionskrater nie näher bevor als jetzt zu Paris.«[48]

Er beteiligt sich an der Vorbereitung und Durchführung eines revolutionären Aufstands, der am 13. Juni 1849 scheitert, wie zu erwarten war. Es wird der letzte sein.

In Trier ist Jenny unruhig und hängt trüben Gedanken nach. Auch dort haben sich die Dinge geändert. Die Einsamkeit und die Armut haben das Gemüt Frau von Westphalens beeinträchtigt. Selbst die Stadt kommt Jenny bedrückend und eng vor. Das Herz voller Traurigkeit und Melancholie sehnt sie sich nach Karl und macht sich Sorgen um ihn.

Also kehrt sie schnell zu ihm zurück, Anfang Juli. Und natürlich ist sie wieder schwanger. Diesmal ist die Schwangerschaft mühsam.

Das ist wirklich der Gipfel, wenn man es so sagen darf, denn die Situation der Familie, die zu sechst in zwei Hotelzimmern in der rue de Lille eingepfercht ist, ist katastrophal. Die Situation läßt sich mit wenigen Worten – es sind immer dieselben – zusammenfassen: Die Marx' haben keinen Pfennig mehr. Die Erbschaft des Vaters ist für die »Neue Rheinische Zeitung« draufgegangen... Karl wendet sich verzweifelt an seinen Freund, den Journalisten Weydemeyer, an den Dichter Freiligrath, an den Rechtsanwalt Ferdinand Lassalle, an den Doktor Daniels...

An Weydemeyer schreibt er: »Ich sage Dir, wenn mir nicht Hülfe von irgend einer Seite wird, ich perdu bin, da auch meine Familie hier ist und schon der letzte Schmuck meiner Frau ins Pfandhaus gewandert ist.«[49]

Etwas später schreibt er seinem Freund: »Die Krankheit meiner Frau und sämtlicher Kinder macht mich für 8 Tage zu einer Art Krankenwärter.«[50]

Er geht im Zimmer umher, die Kinder, die auch krank sind, weinen, er aber lauert nur noch auf den ersehnten Scheck, der nicht kommt, und denkt an Engels, den er vermißt und der sich in der Schweiz mit den Trümmern seiner Armee zu lange aufhält... Er ist außer sich. Aber zum Teufel noch mal, schließlich ist Jenny nicht von allein schwanger geworden! Ihr geht es sehr schlecht, sie muß sich andauernd übergeben.

Zum Glück haben sich die Freunde aus Deutschland zusammengetan, um eine Lösung zu finden. Lassalle ist sogar so weit gegangen, eine Geldsammlung unter den Sympathisanten aus dem Rheinland durchzuführen. Auf diese Weise hat er vierhundert Francs zusammengekriegt, die er Marx Ende Juli schickt.

Diese Geldsammlung versetzt Marx in eine »unsagbare« Wut. Er beklagt sich bei Lassalle und schreibt Freiligrath Ende Juli: »Die größte Verlegenheit ist mir lieber als eine öffentliche Bettelei.«[51]

Trotzdem nimmt er das Geld an.

Aber das alles ist nichts gegen das, was noch auf ihn zukommt. Am 19. August erscheint ein Polizist bei ihm mit einer Zuweisung des Aufenthaltsortes. »Herr Marx und seine Dame« werden höflichst gebeten, Paris zu verlassen und nach Morbihan in der Bretagne umzuziehen.«

Wenn man Marx in die afrikanischen Länder südlich des Äquators schicken würde, hätte es bei ihm nicht mehr Entrüstung hervorgerufen. »Du begreifst«, schreibt er an Engels, »daß ich auf diesen verkleideten Mordversuch nicht eingehe!«[52]

Er legt Widerspruch ein, natürlich vergeblich. Sie müssen weg. Aber wohin? Nach Deutschland können sie nicht mehr. Nach Belgien auch nicht. In die Schweiz? Er hat nicht den entsprechenden Paß. Großbritannien ist die einzige Möglichkeit.

6

LONDON ODER DIE HÖLLE

Karl ist einunddreißig. Jenny fünfunddreißig. Wie oft sind sie nun seit ihrer Hochzeit umgezogen? Jenny zählt es nicht mehr. Und jedesmal dasselbe Theater: Verkauf der Möbel, Verpfänden der Hauswäsche beim Pfandleiher, Transportieren der Bücher zu den Freunden, Hin- und Herschieben von Gegenständen... Jetzt geht alles wieder von vorne los.

Karl ist als erster nach London gefahren. Jenny »schnürt wieder ihr Bündelchen«[53], regelt die materiellen Probleme, einige Silberstücke gehen, wie immer, drauf.

Diesmal werden die Marx' das nackte Elend kennenlernen.

Als Jenny an einem nebligen Tag in London ankommt – sie ist im siebten Monat schwanger und von der Reise erschöpft –, ist Karl nicht gekommen, um sie zu empfangen. »Eine Art Cholera« hat ihn gezwungen, im Bett zu bleiben, er liegt in einem Zimmer, das er mit einem deutschen Flüchtling teilt.

Sie wird von einem Freund, Georg Weerth, einem ehemaligen Mitarbeiter der »Neuen Rheinischen Zeitung«, empfangen und mit Lenchen und den Kindern in einem möblierten Haus in Leicester Square untergebracht, wo man ihnen nur ein Zimmer gibt. Ein paar Tage bleiben sie da, zusammengepfercht, dann ziehen sie nach Chelsea um, wohin Karl nachkommt. Aber dort haben sie kaum mehr Platz. »Die Zeit, ein ruhigeres Obdach zu bedürfen, rückte immer näher und näher heran«[54], schreibt Jenny.

Sieben Wochen nach ihrer Ankunft in London bringt sie ihr viertes Kind auf die Welt, es ist ein Sohn, Heinrich. Die Familie, die die Manie hat, Spitznamen zu vergeben, hat ihn Föxchen genannt. Während ihres ersten Winters in London leben die Marx' in einem einzigen ärmlichen Zimmer, stets von der Zwangsräumung durch erbarmungslose Vermieter bedroht.

Die erste Zwangsräumung ist furchtbar. Jenny ist gerade dabei, Föxchen zu stillen, als die Vermieterin ins Zimmer stürzt und die fünf Pfund verlangt, die sie ihr schuldet. Jenny hat nicht mal einen Penny. Karl ist, wie gewohnt, im British Museum. In einem Brief an Weydemeyer erzählt Jenny: »...und als wir sie (die 5 Pfund) nicht gleich hatten, traten zwei Pfänder ins Haus, legten all meine kleine Habe mit Beschlag, Betten, Wäsche, Kleider, alles, selbst die Wiege meines armen Kindes, die beßren Spielsachen der Mädchen, die in heißen Tränen dastanden.«[55]

Als es die Händler in der Nachbarschaft mitbekommen, tauchen sie alle mit ihren offenen Rechnungen auf. Um diese schreienden Hyänen zu bezahlen, versteigert Jenny, was sie noch übrig hat: ihre Betten. Diese stellt man auf den Bürgersteig, um sie später abzuholen. Bei Regen und Kälte versammelt sich der ganze Pöbel von Chelsea, um die Szene zu begaffen. Aber zur damaligen Zeit sind Zwangsräumungen nach Sonnenuntergang verboten. Zwei Polizisten lassen also die Betten wieder ins Zimmer tragen, trotz des scharfen Protests der Vermieterin.

Marx klappert ganz Chelsea ab, um eine neue Zufluchtsstätte zu finden, aber niemand will eine Familie mit vier

Kindern haben. So landen sie in einem Hotel von deutschen Flüchtlingen, in dem die Miete für ein Zimmer mit Bad horrend teuer ist. Als sie nicht mehr bezahlen können, bekommen sie kein Frühstück. Sie finden dann in Soho in der Dean Street 64 zwei kleine Räume in der Wohnung eines Spitzenverkäufers. Später ziehen sie in der gleichen Straße um, in die Nummer 28, wo sie sechs Jahre bleiben.

Das Haus existiert immer noch. Im Erdgeschoß ist ein Restaurant. Im dritten Stock, wo die Marx' gelebt haben, liegt eine Küche zu den Dächern hin, daneben ein kleines ausgebautes Dachzimmer, das durch einen Flur von einem größeren Zimmer getrennt ist. Fließendes Wasser gibt es nur im Erdgeschoß.

Die Lebensbedingungen der Marx' sind jedoch nicht schlimmer als die der Arbeiter, die Engels und Dickens so sehr erschüttert hatten. Man kann sogar behaupten, daß sie es trotz allem doch besser haben.

Zum Glück ist Soho in der Nähe vom Londoner Zentrum, ein paar Minuten vom British Museum entfernt, wo Marx seine Zeit, wenn er sie nicht gerade den kommunistischen Flüchtlingen widmet, meist verbringen wird. Es ist eine öffentliche Bibliothek mit einer großen Auswahl an Büchern und Zeitschriften aller Art. Er informiert sich tagsüber und schreibt nachts, wenn die Kinder schlafen.

Soho ist auch ein kosmopolitisches Viertel, mit allerlei Flüchtlingen gefüllt, Franzosen, Deutschen, Italienern, Russen, Polen, und es ist dort keine Schande, arm zu sein; die Kaufleute geben diesen mittellosen Ausländern Kredit.

London, das Zentrum des Kapitalismus und das Zentrum der Welt, wo Königin Victoria, Kaiserin von Indien, herrscht, erstrahlt in seinem ganzen Glanz, strotzt von

Energie und ist vollgestopft mit kühnen Unternehmern. Dickens beschreibt mit Vehemenz diese Periode der englischen Geschichte: »...Es ist die Welt der Kohle, der Eisenbahn und der Aktiengesellschaften. Eine Welt in Umwälzung, die von gesichtslosen Finanziers beherrscht und in ihrem alltäglichen Aussehen durch dicke schwarze Rauchwolken und Gleise, die die ländlichen Gebiete aufreißen, stets verändert wird...«[56]

Das Leben in London ist ungeheuer intensiv. Die Stadt besitzt zwar weder die Schönheit noch die Anmut von Paris, aber es gibt dort »coffee-houses« in Hülle und Fülle, wo man sich unter Freunden treffen kann, viele Konzerte werden veranstaltet, das Theater ist ausgezeichnet... Zur Stunde profitieren die Marx' nicht so sehr davon, aber sobald sie über etwas Geld verfügen...

Die prächtigen Parks sind kostenlos und sie machen dort lange Spaziergänge. Sie lieben diese Stadt. Oft am Sonntag holt Lenchen ihren großen Korb, packt einen Kalbsbraten, Brot, Käse und Bier ein, und die Familie, manchmal von Freunden begleitet, macht in Hampstead Heath auf dem Gras ein Picknick. Auf dem Heimweg am Abend wird dann gemeinsam gesungen.

Die englischen Behörden haben Marx in Ruhe gelassen. Die preußischen Behörden dagegen haben einen Geheimagenten nach London geschickt, der sich bei den Marx' eingeschlichen hat. Es handelt sich um Wilhelm Stieber, der später der Chef des Geheimdienstes von Bismarck werden wird. Sein Bericht, den er für den Innenminister von Preußen – den Schwager von Marx also! – angefertigt hat, ist ein Dokument aus erster Hand über das Leben in der Dean Street. Er beginnt mit einem Porträt von Marx, der damals vierunddreißig Jahre alt ist:

»...sein großes, durchdringend feurig schwarzes Auge
hat etwas dämonisch Unheimliches; man sieht ihm übrigens auf den ersten Blick den Mann von Genie und Energie
an; seine Geistesüberlegenheit übt eine unwiderstehliche
Gewalt auf seine Umgebung aus. Im Privatleben ist er ein
höchst unordentlicher, zynischer Mensch, ein schlechter
Wirt; er führt ein wahres Zigeunerleben. Waschen, Käm-
men, Wäschewechseln gehört bei ihm zu den Seltenheiten;
er berauscht sich gern. Oft faulenzt er tagelang, hat er aber
viel Arbeit, dann arbeitet er Tag und Nacht mit unermüdli-
cher Ausdauer fort; eine bestimmte Zeit zum Schlafen und
Wachen gibt es bei ihm nicht; sehr oft bleibt er ganze
Nächte auf, dann legt er sich wieder mittags, ganz angeklei-
det, aufs Kanapee und schläft bis abends, unbekümmert
um die ganze Welt, die bei ihm frei aus- und eingeht.
Seine Gattin [...] eine gebildete und angenehme Frau,
die aus Liebe zu ihrem Mann sich an dieses Zigeunerleben
gewöhnt hat und sich in diesem Elende nun ganz heimisch
fühlt; [...] alle drei Kinder sind recht hübsch und haben die
intelligenten Augen ihres Vaters. – Als Gatte und Familienvater ist Marx, trotz seines sonst unruhigen und wilden
Charakters, der zarteste und zahmste Mensch.
Marx wohnt in einem der schlechtesten, folglich auch
billigsten Quartiere von London. Er bewohnt zwei Zimmer; das eine mit der Aussicht auf die Straße ist der Salon,
rückwärts das Schlafzimmer; in der ganzen Wohnung ist
nicht ein reines und gutes Stück Möbel zu finden; alles ist
zerbrochen, zerfetzt und zerlumpt; überall klebt fingerdik-
ker Staub, überall die größte Unordnung; in der Mitte des
Salons steht ein altväterlicher großer Tisch, mit Wachslein-
wand behangen; auf diesem liegen seine Manuskripte,
Bücher, Zeitungen, dann die Spielereien der Kinder; das

Fetzenwerk des Nähzeugs der Frau, daneben einige Teetassen mit abgebrochenen Rändern, schmutzige Löffel, Messer, Gabeln, Leuchter, Tintenfaß, Trinkgläser, holländische Tonpfeifen, Tabakasche, mit einem Wort alles Graffelwerk darunter- und darübergehäuft, und alles dies auf dem einzigen Tisch [...]

Wenn man bei Marx eintritt, werden die Augen vor dem Steinkohlen- und Tabakqualm derart umflort, daß man im ersten Augenblick wie in einer Höhle herumtappt, bis sich der Blick mit diesen Dünsten allmählich befreundet und man wie im Nebel einige Gegenstände ausnimmt. Alles ist schmutzig, alles voll Staub; mit dem Niedersitzen ist es eine wahrhaft gefährliche Sache. Da steht ein Stuhl nur auf drei Füßen, dort spielen die Kinder und machen ihre Küche auf einem andern Stuhl, der zufällig noch ganz ist; richtig, den trägt man dem Besucher an, aber die Kinderküche wird nicht weggeputzt; setzen Sie sich, so riskieren Sie ein paar Beinkleider.

All dies aber bringt Marx und seine Gattin durchaus in keine Verlegenheit; man empfängt auf das Freundlichste, man trägt Pfeife, Tabak und was eben da ist mit Herzlichkeit an; eine geistreiche, angenehme Konversation ersetzt endlich teilweise die häuslichen Mängel, macht das Ungemach erst erträglich...«[57]

Am Ende seines Berichtes sagt der Agent, daß man, sobald man sich mit dem Milieu vertraut gemacht hat, von der interessanten und originellen Konversation mit Marx so gefesselt ist, daß man noch mehr davon haben will. Und er schließt mit den Worten: »Das ist das getreue Bild von dem Familienleben des Kommunisten-Chefs Marx.«[58]

So hat Jenny also sechs Jahre lang gelebt. Was Ferdinand von Westphalen von seinem unheilbringenden Schwager immer erwarten mochte, dieser Bericht hätte ihm bestimmt einen Schlag versetzt.

Armut ist kein Hinderungsgrund, um nicht Staub wischen zu können. Aber Jenny kümmert sich nicht darum. Es ist ihr völlig egal, sie steht darüber. Anstatt zu kämpfen, paßt sie sich den Umständen an, und das kann sie hervorragend. In diesen winzigen zwei Zimmern, in denen Durcheinander herrscht, ist sie weiterhin sehr gastfreundlich. Es gibt immer Platz für irgendwelche Flüchtlinge, die bei ihr ein paar Tage verbringen... Man rückt halt enger zusammen. Aber die alten treuen Freunde von Marx sind verschwunden. Er hat sich mit allen verkracht. Er ist politisch isoliert, furchtbar isoliert.

Er hat es zwar geschafft, mit Engels zusammen eine Zeitung zu gründen, die »Revue«. Aber nach fünf oder sechs Nummern ist sie gescheitert. Daraufhin verzichtet Engels auf den Journalismus, da man damit sein Brot nicht verdienen kann.

Also zieht er die richtigen Konsequenzen aus der Situation, denn er ist ein pragmatischer Mensch. Der »Bund der Kommunisten« ist durch interne Spaltungen erschüttert (von denjenigen, die ihn bekämpfen, sagt Marx, diese Lumpen wären einfach Scheiße, pure Scheiße!); die Revolution ist auf unbestimmte Zeit vertagt, die »Revue« ist allmählich zugrunde gegangen, es ist Zeit, sich eine andere Beschäftigung zu suchen. In Manchester steht ihm die Fabrik des Vaters »Engels and Ermen« nach wie vor offen. Er stürzt sich darauf. Und schon ist er Lohnabhängiger geworden, mit einem Lohn von hundert Pfund im Jahr für den Anfang, plus einer prozentualen Beteiligung auf die Ergebnisse seiner Arbeit. Karl wird ihn von nun an regelmäßig anpumpen können, was er auch schamlos tun wird.

Später dann wird sich Engels in dem Maße, wie sein Einkommen steigt, auf das Leben eines vornehmen Bourgeois einlassen: Parforcejagd mit der lokalen Gentry, Reitpferd, Kammermusikkonzerte in seinem Garten, zwei Häuser, damit der äußere Eindruck stimmt – eins für den Empfang seiner Gäste und eins, wo er mit seiner irländischen Liebhaberin Mary Burns lebt.

Aber das alles ist nicht besonders merkwürdig. Merkwürdig ist vielmehr, daß Engels entsprechend seinen Verhältnissen Marx finanziell nie im Stich gelassen hat.

Regelmäßig schickt er ihm Umschläge mit der Hälfte eines Geldscheins. Die andere Hälfte kommt dann mit der nächsten Post.

Seitdem Engels nach Manchester umgezogen ist, leidet Marx unter der Abwesenheit seines Freundes. In einem Brief vom April 1851 bittet er ihn: »Du verpflichtest mich übrigens, wenn Du dans les circonstances actuelles (unter den gegenwärtigen Umständen) so oft wie möglich schreibst. Du weißt, daß mein Umgang hier plus ou moins auf dumme Jungen beschränkt ist.«[59]

Unter diesen »dummen Jungen« befindet sich Wilhelm Liebknecht, zukünftiger Gründer der Deutschen Sozialdemokratischen Arbeiterpartei, ein häufiger Gast bei den Sonntagspicknicks.

Der Briefwechsel zwischen beiden Männern, der nur unterbrochen wird, wenn einer den anderen besucht, läßt klar erkennen, in welch intellektueller Isolierung Marx sich damals befindet.

Jenny schreibt ihrerseits an ihren gemeinsamen Freund Weydemeyer:

»Mein Mann ist hier fast erdrückt worden von den kleinlichsten Sorgen des bürgerlichen Lebens und zwar in einer so empörenden Form, daß seine ganze Energie, das ganze ruhige [...] Selbstbewußtsein seines Wesens nöthig waren um ihn in diesen täglichen [...] Kämpfen aufrecht zu erhalten. [...] Das einzige, was mein Mann wohl von denen verlangen konnte, die manchen Gedanken, manche Erhebung, manchen Halt von ihm hatten, war, bei seiner Revue mehr geschäftliche Energie [...] zu entwickeln [...] das wenige war man schuldig.«[60]

Und sie fügt hinzu:

»Er hat noch nie, selbst in den schrecklichsten Momenten, die Sicherheit der Zukunft, selbst den heitersten Humor verloren und war ganz zufrieden, wenn er mich heiter sah und unsere lieblichen Kinder um ihr liebes Möhmchen herumschmeichelten.«[61]

Um die Gesundheit ihres jüngsten Kindes, Föxchen, besorgt und zum fünften Mal schwanger, trifft Jenny, von der Verzweiflung getrieben, im August 1850 die kühne Entscheidung, allein nach Holland zu fahren. Sie denkt, daß sie dort finanzielle Hilfe von Seiten des Onkels mütterlicherseits von Karl, Lion Philips, bekommen wird.

Die Reise ist anstrengend, die See ist stürmisch, und Jenny fühlt sich furchtbar schlecht. Schließlich kommt sie erschöpft bei dem Onkel an, der sie nicht erkennt. Er betrachtet mit Sympathie diese junge schwangere Frau, die von ihrer Reise sehr mitgenommen aussieht, jedoch immer noch schön und gut angezogen ist. Aber wer ist sie bloß?

Sie stellt sich vor. »...Und erst nachdem ich mich selbst vorgestellt fand die oheimliche Umarmung statt«, schreibt Jenny.[62]

Der Onkel ist zwar charmant, aber »durch die ungünstigen Wirkungen der Revolutionen auf sein und seiner Söhne Geschäfte, auf Revolution und Revolutionäre ergrimmt, hatte [er] ganz den Humor verloren.«[63] Schlimmer noch: er schlägt ihr alle Hilfe ab.

»Und ... ich sagte«, schreibt Jenny, »es bliebe uns nichts bessres übrig als nach Amerika zu gehn!«[64] Karl dachte damals schon ernsthaft daran.

Der Onkel meinte, »daß das sehr vernünftig sei, wenn Dich dort etwas Positives erwarte...«[65]

Aus Holland schreibt Jenny ihrem Mann folgendes: »Ich glaube theurer Karl ich kehre ganz resultatlos, ganz getäuscht, zerrissen in Todesangst gefoltert wieder zu Dir heim. [...] Ich kann nicht von den Kindern schreiben – die Augen fangen an zu zittern und ich muß mich hier tapfer halten – Also küsse sie, küsse sie die kleinen Engel tausend mal von mir. Ich weiß wie Du und Lehnchen für sie sorgen werden. Ohne Lehnchen hätt' ich gar keine Ruhe hier...«[66]

Als sie zurückkommt, wird jener schönen Fröhlichkeit der Marx', die keine materielle Not bis dahin trüben konnte, unweigerlich ein Schlag versetzt: das kleine Föxchen stirbt infolge einer Lungenentzündung. Es ist das erste Mal, daß Jenny ein Kind verliert. Sie ist am Boden zerstört, verwüstet. Für sie ist der kleine Junge das Opfer der »bürgerlichen Misère«[67] gewesen. Ihre Bitterkeit und Trauer werden lange anhalten. Ihr Kind, das mit ihrer Milch die Traurigkeit, Sorgen und Nöte saugte, sei daran gestorben, schreibt sie.

Das ist im November. Im März kommt ein kleines Mädchen auf die Welt, das Franziska genannt wird, es wird zu einer Amme gebracht, weil die Mutter keine Milch hat.

Karl ist enttäuscht, er hatte sich einen Sohn gewünscht. Er schreibt Engels auf Französisch – dabei macht er sich über sich selbst lustig: »Il faut que l'industrie soit plus productive que le mariage...«[68]

Seine Geschäfte sind um so unproduktiver, als eine akute Furunkulose ihn daran hindert, zu arbeiten. Wenn es nicht sein Hämorrhoidalleiden ist, das ihn plagt... Also ist er wütend.

Als Jenny viel später kurze autobiographische Notizen verfaßt, schreibt sie folgenden Satz, über den lange gerätselt wurde: »In den Frühsommer des Jahres 1851 fällt noch ein Ereignis, welches ich nicht näher berühren will, das aber sehr zur Vermehrung unsrer äußren und inneren Sorgen beitrug.«[69] An anderer Stelle schreibt sie nach dem Tod Föxchens: »Ach, ich ahnte damals nicht, welch andres Leid mir bevorstand, vor dem alles, alles in nichts versank.«[70]

Jahrelang haben die zahlreichen Biographen von Marx diese Sätze gelesen, ohne ihnen den geringsten Wert beizumessen oder sie zu verstehen. Sie wurden als Frauengejammer interpretiert. Übrigens beklagt sich Marx oft bei Engels über die Nervosität und die »hysterischen« Ausbrüche seiner Frau, obwohl er andererseits zugibt, daß sie die ganze Last der Situation auf ihren Schultern trägt.

Niemand macht sich also Gedanken über dieses »Leid«, dieses »Ereignis«, worauf sie, wie sie sagt, nicht näher eingehen will. Man schließt nur daraus, daß Jenny nunmal »ihre Nerven« hatte, wie man damals sagte.

Und als die Wahrheit langsam ans Tageslicht kommt – d.h. mehr als ein Jahrhundert später –, findet man sie so gravierend, daß man sie erschrocken weit von sich weist.

Heute noch winden sich manche Historiker, um die Sache zu vernebeln. Denn die Wahrheit, die von allen, die damit konfrontiert wurden, sorgfältig verschwiegen wurde, ist folgende: Karl Marx hat dem Hausmädchen ein Kind gemacht.

Man wird wohl zugeben, daß es für den Chef der internationalen kommunistischen Partei, der die Interessen der Unterdrückten und Ausgebeuteten verteidigt, eine Frechheit ist.

Wenn wir uns an die Tatsachen halten: Lenchen ist schwanger, ohne daß sich jemand um diese Schwangerschaft besonders kümmert, und bringt im Juni 1851 zu Hause einen Jungen auf die Welt. Sie nennt ihn Henry Frederick, läßt ihn unter dem Namen Frederick Demuth ins Geburtsregister eintragen und übergibt ihn Pflegeeltern. Jenny, die Lenchen sehr gern hat, fragt sie vergeblich, wer der Vater des Kindes sei. Lenchen hüllt sich in Schweigen und verläßt das Haus. Jenny ist sehr traurig... Wie kann Lenchen es fertigbringen, wegzugehen und sie im Stich zu lassen? Sie versteht es nicht, ihr tut es weh, sie ist verletzt... Einige Wochen davor, am 31. März 1851, schreibt Marx an Engels am Ende eines Klagelieds über den Zustand seiner Finanzen: »Aber endlich, um der Sache eine tragikomische Spitze zu geben, kömmt noch ein Mystère hinzu, das ich Dir jetzt en très peu de mots enthüllen werde. Doch eben werde ich gestört und muß zu meiner Frau zur Krankenleistung.

Also das andre, worin Du auch eine Rolle spielst, das nächste mal.«[71]

Und am 2. April: »Über das mystère schreibe ich Dir nicht, da ich, coûte que coûte, Ende April jedenfalls zu Dir komme. Ich muß auf 8 Tage hier heraus.«[72]

Engels antwortet: »Jedenfalls schreib mir umgehend ob und mit welchem Zug Du kommst; (...) Jedenfalls laß mich gleich wissen wo und wie. Ich lasse alles übrige für mündliche Abmachung...«[73]

Um was geht es eigentlich bei dieser mündlichen Abmachung? Und welche Rolle soll Engels dabei spielen?

Die undankbarste, die es gibt. Es geht nämlich darum, daß Engels die Vaterschaft des Kindes, das Lenchen trägt, auf sich nehmen soll. Man kann sich das Gespräch zwischen beiden Männern gut vorstellen! Marx spricht die Dinge immer unkompliziert aus. Er ist kein Mann, der gern Theater spielt. Nicht das Geständnis als solches ist unmöglich, sondern die Forderung an Engels. Wie hat er es fertiggebracht? Auf die lässige, tragische, flehende oder autoritäre Tour? Wie dem auch sei, Engels ist darauf eingegangen. Aus Liebe zu Marx, aus Angst vor Jenny und um die Ehre des Kommunismus zu retten, hat Engels die Rolle des Bösewichtes akzeptiert. Allerdings wird er dem Kind nicht seinen Namen geben und wird sich weigern, es zu sehen. Aber soviel verlangt Marx von ihm nicht. Ihm genügt es, daß Engels ihm hilft, das Gesicht zu wahren, und daß Jenny nichts vermutet.

Und was ist mit Lenchen? Fragt man sie überhaupt nach ihrer Meinung? Wahrscheinlich nicht. Aber die Komödie ist in Gang gesetzt worden. Die offizielle Version Jenny sowie allen zahlreichen Gästen gegenüber, die bei den Marx' ein- und ausgehen, lautet – wenn es überhaupt jemanden interessiert –, daß Lenchen von Engels geschwängert worden ist.

Diese kommt wieder zurück. In ihrem ganzen Leben wird sie nie über den Vater von Frederick ein Wort sagen. In ihrem ganzen Leben.

Da diese Angelegenheit sehr geheimisvoll bleibt, haben sich manche gefragt, ob der Name von Engels nicht zuerst von Lenchen, das Jenny verschonen wollte, erwähnt worden ist. Marx, der furchtbar verwirrt war, hätte sich auf diesen guten Einfall gestürzt. Es ist durchaus möglich. Etwas kompliziert zwar, aber möglich.

Andere wiederum haben sich den Kopf zerbrochen: wie konnte zum Teufel in diesen zwei kleinen Zimmern eine intime Beziehung, sei sie auch noch so flüchtig gewesen, zwischen Karl und Lenchen stattfinden, ohne daß Jenny es gemerkt hätte?

Aber zieht man die Daten heran, so stellt man fest, daß Jenny noch in Holland war, als Frederick wahrscheinlich gezeugt worden ist.

Wieder andere haben die Idee nahegelegt, Lenchen wäre sozusagen Karls Dienstmädchen für alles gewesen. Das trifft zweifellos zu, aber diese Version scheint, sei es aus praktischen Gründen, eher unwahrscheinlich. Denn angesichts des engen Zusammenlebens der Marx' kann man sich kaum vorstellen, daß Jenny blind gewesen wäre, wenn etwas zwischen den beiden stattgefunden hätte. Außerdem waren Liebschaften mit Mägden nicht gerade die Sache unseres Mannes. Und hinzukommt, daß Lenchen nicht irgendwer war.

Ein Freund von den Marx', Wilhelm Liebknecht, der in London oft bei ihnen weilte, beschreibt die Beziehung zwischen Marx und seiner Magd folgendermaßen: Marx würde ihr nicht imponieren können. Sie hätte seine Launen und Schwächen ganz genau gekannt und hätte ihn um den kleinen Finger wickeln können. Wenn er ärgerlich war, schrie und tobte, so daß niemand sich ihm nähern konnte, ginge Lenchen in die Höhle des Löwen, und wenn er brüllte, würde sie mit ihm in einer Weise sprechen, die ihn sanft wie ein Lamm werden ließ.

Man weiß auch, daß sie mit ihm Schach spielte und oft gegen ihn gewann; daß sie ihm ihre Meinung über die Politik der Partei sagte und daß er ihr zuhörte; daß er mit ihrem Namen gern Wortspiele machte: Demuth, Wehmut, Hochmut. Aber das alles strahlt nur Harmlosigkeit aus.

Wir haben zwar keine Beweismittel in der Hand, aber es muß offensichtlich so gewesen sein, daß während sich Jenny in Holland aufhielt, Karl einfach Lust auf Lenchen, die als Frau nicht schlecht aussah, verspürt und ausgelebt hat. Sie scheint sich übrigens nicht besonders dagegen gewehrt zu haben. Denn sie liebte ihn irgendwo. Ihr Schweigen ist der Beweis dafür. Eine schöne, selbstlose Figur gibt diese Bäuerin ab, die Marx um ihren kleinen Finger wickelte...

Der Historiker Heinz Monz behauptet, daß Lenchen ein Flittchen gewesen sei, daß sie mit allen Besuchern des Hauses geschlafen hätte. Vor lauter Eifer, Marx rein-waschen zu wollen, kann man in einer ekelhaften Weise die Wahrheit verdrehen. Denn nichts, kein einziger Hinweis könnte die These des Historikers stützen.

Es liegt auf der Hand, daß Jenny die angebliche Vater-schaft Engels durchschaut hat, obwohl sie Engels für einen Wüstling hielt. Aber wie und wann sie die Wahrheit erfuhr, die Zusammenhänge wirklich begriff ... das bleibt ein Rät-sel. In einer Familie, in der man sich gern und viel schrieb, gibt kein einziger Brief einen Hinweis auf jenes unglaubliche Geheimnis, das jenseits des Todes bewahrt wurde.

Alles, was man von Jenny und Karl weiß, deutet darauf hin, daß die beiden nie über dieses Thema gesprochen haben. Er hatte eine panische Angst vor der Eifersucht seiner Frau, die sich tatsächlich leicht aufregen konnte. Er zitterte bei dem Gedanken, daß sie die Scheidung einreichen könnte, denn es wäre zu einem riesigen Skandal gekommen. Diese puritanische, reservierte und geheimnisvolle Frau ist wahrscheinlich bis ins Innerste aufgewühlt gewesen, aber mehr angewidert als wütend; auf jeden Fall war sie Lenchen gegenüber überhaupt nicht nachtragend. Nur »versank« für sie alles »in nichts«, wie sie mit diesem Hang zur Übertreibung, der ihr eigen war, in ihren Notizen schrieb.[74] Alles, das heißt für sie die Vorstellung, die sie von ihrem Mann hatte.

Jenny weiß überhaupt nicht, daß alle Männer von ihrem Geschlecht besessen sind. Welche Frau will auch diese Tatsache einsehen? Im Grunde genommen widert es sie an. Aber weniger ertragen hätte sie eine echte Untreue, ein tiefes intellektuelles und gefühlsmäßiges Verstehen zwischen ihrem Mann und einer anderen Frau. In dem Fall war es ja schließlich nur ein »Unglücksfall«. Es war nur ein Unglücksfall, sagt sie sich immer wieder. Man weiß nicht, was sie mehr quält, daß Karl schwach geworden ist oder daß er sie belogen hat. Auf jeden Fall quält sie sich.

Gegenüber Lenchen scheint sie keinerlei Rivalität verspürt zu haben. Zwischen beiden herrschte eher ein gegenseitiges Mitleid, eine stillschweigende Übereinstimmung, als wollten beide den großen Mann schützen. Stillschweigend und stumm.

Wenn irgend jemand in dieser Geschichte gesprochen hätte, wenn irgend jemand lauthals seine Gefühle zum Ausdruck gebracht hätte, wenn die Dinge auf den Tisch gelegt worden wären, wäre die Welt jedes einzelnen Mitspielers dieser Komödie zusammengebrochen. Also blieb ihnen allen nichts anderes übrig, als zu schweigen, was letztlich mit Heuchelei nichts mehr zu tun hatte, sondern eher mit dem Bedürfnis, zu schützen, was ihnen am wichtigsten war. Dieses Geheimnis haben sie mit ins Grab genommen, in dem Karl, Jenny und Lenchen gemeinsam beerdigt werden.

Der letzte Hinterbliebene, Engels, ist schließlich kurz vor seinem Tod mit der Wahrheit herausgeplatzt. Er konnte nur schwer sprechen, da er an Kehlkopfkrebs litt. Er schrieb auf eine Tafel: »Frederick Demuth ist der Sohn von Marx.«

Dies wurde in einem langen Brief von der Sekretärin und Haushälterin Engels', Luise Freyberger, August Bebel, dem Führer der deutschen Arbeiterbewegung, berichtet. Auf der Grundlage dieses Briefes, der erst 1962 auftauchte, wurden Recherchen über Frederick Demuth angestellt.

Man weiß, daß seine Mutter ihn nie im Stich gelassen hat. Sie hat ihn sehr lange heimlich besucht. Von Pflegeeltern großgezogen, die immer regelmäßig bezahlt worden sind, ist er später Mechaniker im Arbeiterviertel Hackney geworden. Er trug eine Melone und hatte einen guten Ruf.

Das Schockierende daran ist, daß Marx nie daran gedacht hat, ihm eine gute Erziehung bzw. Ausbildung zu geben. Aber nein. Er wollte ihn nur vergessen, leugnen, begraben.

Man weiß nicht ganz genau, wann die drei Mädchen von der Existenz Freddys erfuhren. Für sie war er der Sohn von Engels. Aber Tussy spürte ihm gegenüber immer Schuldgefühle, die sie sich nicht erklären konnte. Familiengeheimnisse kann man nie völlig versteckt halten, sie haben immer irgendwelche verheerenden Konsequenzen – vor allem bei denjenigen, die sie unbewußt geahnt haben.

Also schweigt Jenny, die sich zerrissen fühlt; auch Karl schweigt, der in seiner Ehre, auf die er sehr großen Wert legt, getroffen ist.

Doch kann man die Gerüchte nicht verhindern. Innerhalb von sechs Monaten hat sich die Nachricht von der unehelichen Geburt verbreitet. Für Marx sind das »Infamien« seiner Gegner, »die [...] sich für ihre Ohnmacht dadurch zu rächen suchen, daß sie mich bürgerlich verdächtigen und die unsagbarsten Infamien über mich verbreiten. Willich, Schapper, Kuge und eine Masse andren demokratischen Gesindels machen daraus ihr Geschäft«, wie er in einem Brief an Weydemeyer schreibt.[75]

Die Sache wird keine besorgniserregenden Folgen haben. Nur ab und zu wird das Gerücht wieder laut, das sofort mit Empörung von allen treuen Anhängern Marx' zurückgewiesen wird.

Zu Hause in den zwei Räumen der Dean Street fällt kein Wort, keine Anspielung, es findet keine einzige wahrnehmbare Reiberei zwischen Jenny, Karl und Lenchen statt. Die Wunden trägt man in seinem Inneren.

7

MADAME, ICH LIEBE SIE

Ende 1851 fängt Marx an, über den Coup d'état des Louis
Napoleons zu schreiben (»Der 18. Brumaire des Louis
Bonaparte«), ein kleines und glänzendes Büchlein, in dem
sein Talent als Polemiker hervorsticht. Er arbeitet daran,
während die Kinder schlafen. Im März hatte Jenny das
Manuskript abgeschrieben, das nach New York abge-
schickt wurde; es erschien viel später und »brachte weniger als nichts ein« schreibt sie.[76] Aber »die Erinnerung an
die Tage, an denen ich in Karls' kleinem Stübchen saß,
seine kritzlichen Aufsätze kopierte, gehört zu den glück-
lichsten meines Lebens.«[77] Das wunderschöne Glück, zu
lieben!

Wenn sie nur ein bißchen Geld hätten... Karl müht sich
ab, borgt überall, wo er kann, selbst von seinem Hausarzt... Eines Tages, als er gerade dabei ist, mit seinen
gelöcherten Schuhen und seinem abgetragenen Mantel zum
Pfandleiher zu gehen, um zum x-ten Male ein Silberstück
zu verpfänden, wird er festgenommen. Das Silber trägt das
Wappen der Grafen von Argyll; man vermutet, der »Pen-
ner« hätte es gestohlen. Er muß einen Tag im Gefängnis
sitzen. Sie ersticken in Armut. Die Sache nimmt eine
melodramatische Wendung an, als die kleine Franziska mit
einigen Monaten an einer Bronchitis stirbt. Die Marx'
haben nicht die finanziellen Mittel, um sie zu begraben.

Keinen Penny. Sie verschieben die Beerdigung so lange wie möglich, in der Hoffnung, Hilfe zu bekommen.

Jenny läuft zu einem französischen Flüchtling und bittet verzweifelt um ein Almosen. Der Franzose ist ein netter Mann, er gibt zwei Pfund, damit sie den Sarg und die »englischen Todeshunde«, wie Marx sie nennt, bezahlen können: »Quoique de dure complexion, griff mich diesmal die Scheiße bedeutend an«, schreibt Marx an Engels.[78]

Jenny drückt die Sache anders aus: Franziska »hatte keine Wiege, als [sie] zur Welt kam, und auch die letzte kleine Behausung war [ihr] lange versagt.«[79]

Einige Wochen später ist Karl in Manchester, wo er mit Engels arbeitet. Jenny schreibt ihm: »Und unterdessen sitze ich hier und gehe zu Grunde. Karl, es ist jetzt auf den höchsten Punkt gekommen. [...] Ich sitze hier und weine mir fast die Augen aus und weiß keine Hülfe. [...] Mein Kopf hält nicht mehr zusammen.«[80]

Sie beklagt sich selten. Karl ist glücklich, daß sie einmal sagt, was sie bedrückt. Er sagt es ihr und fügt hinzu: »Wenn Du armes Teufelchen die bittere Realität durchmachst, ist es nichts weniger als billig, als daß ich wenigstens ideal die Qual mitdurchlebe.«[81]

Aber im Grunde – ob aus natürlicher Gleichgültigkeit, Blindheit oder weil er in seiner Arbeit völlig aufgeht – lebt er weit weg von den Realitäten, mit denen sich Jenny herumschlagen muß. Am Ende ist immer sie diejenige, die die praktischen Dinge in Angriff nimmt.

Nach Liebknecht nennt sie manchmal den Mohr »my big baby«! Und sie regt sich auf über seinen einfältigen Optimismus bezüglich ihrer Zukunft, über seine Verachtung für die konkrete Seite des Lebens vor lauter Beschäftigung mit den »großen« Dingen.

Sie ist anfällig für Angstzustände, das stimmt, und dieser Charakterzug wird mit dem Abnehmen ihrer Lebensenergie immer stärker werden.

Mehrere Briefe von ihr zeugen davon. So schreibt sie 1866 an Engels: »Ich wünschte, ich könnte alles so couleur de rose sehn als die anderen, aber die vielen langen Sorgen haben mich ängstlich gemacht, und ich sehe oft schwarz in die Zukunft [...] Cela entre nous.«[82]

Im Jahre 1868 sagt sie dem Doktor Kugelmann im Vertrauen, daß sie viel Selbstvertrauen und Energie verloren habe.

1872 schreibt sie an Liebknecht: »Uns Frauen fällt in allen diesen Kämpfen der schwerere, weil kleinichere Teil zu. [...] – und die tägliche kleine Not nagt langsam aber sicher den Lebensmut hinweg. Ich spreche aus mehr als 30jähriger Erfahrung, und ich kann wohl sagen, daß ich den Mut nicht leicht sinken ließ. Jetzt bin ich zu alt geworden, um noch viel zu hoffen...«[83]

Marx, der die angeborene Ängstlichkeit seiner Frau kennt, weiß auch um ihren Mut und ihre Fähigkeit, nach einem Schicksalschlag immer wieder auf die Beine zu kommen. Nach dem Tod Franziskas sagt er zu ihr: »Ich weiß übrigens, wie unendlich elastisch Du bist und wie das geringste Günstige Dich wieder neu belebt.«[84] Und das ist wirklich so.

Übrigens gibt es in der Familie Marx immer wieder intensive fröhliche Momente – es hat sie immer gegeben –, aber zur Stunde ist die Verzweiflung stärker. Sie beklagen sich jedoch nie in der Öffentlichkeit oder vor einem Publikum – wenn sie überhaupt eines haben, Liebknecht zum Beispiel oder den Dichter Georg Weerth – und wissen in den schlimmsten Situationen immer das Gesicht zu wahren. Marx liebt es, zwei Verse von Georg Weerth zu zitieren:

»Es gibt nichts Schöneres auf der Welt,
Als seine Feinde zu beißen.«

An dem Tag im Januar 1855, als Marx Engels schreibt: »meine Frau geht mit starken Schritten der Katastrophe entgegen«[85], ereignet sie sich tatsächlich, und zwar am nächsten Tag: es ist die Geburt des sechsten Kindes von Jenny, die jetzt einundvierzig ist. Marx teilt Engels folgendes mit: »Ich konnte gestern [...] nicht an die »Tribune« schreiben [...], weil gestern zwischen 6 und 7 Uhr morgens meine Frau von einem bona fide traveller (Reisender auf Treu und Glauben) – leider of the »sex« par excellence – genesen ist. Wäre es ein männliches Wesen, so ginge die Sache schon eher.«[86] Man könnte wirklich meinen, er habe mit diesen Geburten nichts zu tun...

Dieser Sprößling, Eleanor, Tussy genannt, kommt zu der ganzen Sammlung der bezaubernden und intelligenten Töchter von Herrn und Frau Marx hinzu. Sie sind alle wahnsinnig in ihren Vater verliebt. Alle drei Töchter. Man hat ihnen viele Spitznamen gegeben. Das ist ein beliebtes Spiel bei den Marx', die Kinder sollen sich in gewisser Weise dadurch aufgewertet fühlen.

Aber leider wird die Familie erneut von einem Drama – man könnte fast von einer Tragödie sprechen (der letzten, das verspreche ich Ihnen!) – heimgesucht. Während Karl, dessen Gesundheit immer schlechter wird, an einer Augenentzündung und unter unerträglichen Hustenanfällen leidet, wird der einzige Sohn des Hauses, Marx' ganzer Stolz, seine ganze Freude, der von den Frauen verwöhnt und von dem Vater angehimmelt wird, schwer krank. Der Arzt diagnostiziert zunächst Verdauungsstörungen... Wen wundert es in einer Familie, die sich so schlecht ernährt... Aber es handelt sich um eine schwere Darmkrankheit. Innerhalb von ein paar Monaten, die von den Eltern als eine lange Qual erlebt werden, wird der kleine Junge daran sterben. Es kommt vor, daß Jenny das Baby, das sie im Bauch trägt, haßt, weil das andere, heißgeliebte Kind schon vom Tod heimgesucht wird. Die letzten Wochen bewacht Marx selbst seinen Sohn Tag und Nacht. In Eile schreibt er an Engels: »Mir selbst blutet das Herz und brennt der Kopf, obgleich ich natürlich Haltung behaupten muß. Das Kind verleugnet während der Krankheit keinen Augenblick seinen originellen, gutmütigen und zugleich selbständigen Charakter.«[87]

Der hübsche kleine Musch erliegt der schlimmen Krankheit. Es ist das dritte Kind, das die Marx' innerhalb von vier Jahren verlieren, und sie werden unter diesem Schicksalschlag am stärksten leiden. »Das Haus ist natürlich ganz verödet und verwaist seit dem Tode des teuren Kindes, das seine belebende Seele war. Es ist unbeschreiblich, wie das Kind uns überall fehlt. Ich habe schon allerlei Pech durchgemacht, aber erst jetzt weiß ich, was ein wirkliches Unglück ist. Ich fühle mich broken down«, schreibt Marx.[88]

Seltsame Ironie des Schicksals, daß er einen Sohn verliert – er wird keinen anderen mehr haben –, während irgendwo ein Junge heranwächst, dessen Vater er ist, den er aber nie in seinem Leben sehen wird.

Jenny ist am Boden zerstört, »broken down«, schreibt Marx. Er selbst ist im Herzen und im Geist »zerbrochen«. Er hat weiße Haare bekommen. Furchtbare Migränen plagen ihn.

Ein deutscher Freund, Peter Imandt, leiht ihnen ein Cottage in der Nähe von London, damit sie durch Wechsel der Umgebung von der schmerzhaften Erinnerung an Musch etwas Abstand bekommen. Sie ziehen dort ein.

Aber ihr Hausarzt, der ärgerlich ist, von den Marx' sein Geld nicht bekommen zu haben, halst ihnen die Polizei auf! Immerhin landete man damals auf Grund von Schulden noch manchmal im Gefängnis.

Den Marx' gelingt die Flucht, sie suchen Schutz bei Engels in Manchester.

Es ist das einzige Mal, daß Jenny es akzeptiert, bei Engels zu wohnen, sonst hat sie seine zahlreichen Einladungen immer abgelehnt. Einige Monate später zieht sie vor, bei dem Rechtsanwalt Sam Moore einzuziehen, der über ein bequemes und warmes »home«, wie sie sagt, verfügt. Was wirft sie Engels eigentlich vor? Alles. Er hätte eine formalistische, konventionelle, sehr englische steife Art angenommen, die einen daran hindern würde, am Tisch frei zu atmen... Bei ihm würde bei den Mahlzeiten kein Wein serviert... Das Essen wäre zu einfach, fast primitiv, obwohl der Tisch königlich gedeckt sei und zwei Dienstmädchen links und rechts bedienen würden...

Wahrhaftig, sie liebt ihn überhaupt nicht! Wie schön wäre es, wenn man auf ihn verzichten könnte! Aber zur Stunde ist Engels derjenige, der sie vor dem finanziellen Untergang bewahrt, indem er fünf Pfund im Monat zahlt. Dieses »fast nichts« bringt Marx bis an den Rand des Selbstmordes, aber plötzlich ereignet sich ein Wunder: Die »New York Daily Tribune« bietet ihm eine regelmäßige Zusammenarbeit an.

Von einem, im englischen Sinne radikalen Moralisten, Horace Greeley, gegründet, war die »Tribune« mit einer Auflage von zweihunderttausend Exemplaren die einflußreichste Zeitung New Yorks und wahrscheinlich Amerikas. Der stellvertretende Direktor von Greeley, ein ausgezeichneter Journalist namens Charles Dana, hatte zu Marx Kontakt aufgenommen; er kannte seine Feder seit den glücklichen und kurzen Zeiten der »Neuen Rheinischen Zeitung«.

Marx nimmt seinen Vorschlag sofort an. Allerdings gibt es dabei eine große Schwierigkeit: er ist unfähig, seine Artikel auf Englisch zu verfassen. Was soll er nun tun? Engels, natürlich, immer Engels! Marx schreibt ihm kurz und bündig, ob er ihm für Freitagmorgen einen Artikel auf Englisch über die deutsche Situation zuschicken könnte, denn das wäre für den Anfang ausgezeichnet. Und was antwortet Engels, der sprachbegabter ist als sein Freund? Er sei einverstanden. Marx soll ihm das Material schicken.

Ein Jahr lang schreibt Engels zwei Artikel pro Woche, schickt sie Marx, der sie an die »Tribune« weiterleitet, die sie dienstags und freitags veröffentlicht. Sie sind von Marx unterzeichnet. Erst 1918, als beide schon tot sind, ist man hinter das Geheimnis gekommen.

Engels ist jedoch überarbeitet. Er habe alle Hände voll zu tun, schreibt er an denjenigen, den er Mohr nennt. Er müsse heute noch elf Geschäftsbriefe schreiben, obwohl es schon sieben Uhr sei. Aber dennoch wolle er möglichst noch heute oder spätestens bis morgen abend für Dana einen Artikel »zusammenschmieren«. Und er schmiert was zusammen.

Nach einem Jahr gibt sich Marx die Mühe, seine Artikel selbst zu schreiben, allerdings auf Deutsch. Er schickt sie an Engels, der sie übersetzt, dann werden sie nach New York weitergeleitet. Schließlich bemüht er sich, direkt auf Englisch zu schreiben...Und erntet viele Komplimente von Engels. Endlich hat er es geschafft und die Schwierigkeit überwunden.

Er stellt die Informationen, die er braucht, im British Museum zusammen, wo er sich tagsüber aufhält. Dann schreibt er zu Hause bis fünf Uhr morgens, mit dieser Schrift, die kein Linotype-Setzer entziffern konnte. Jenny ist für das Abschreiben zuständig. Später übernimmt ein junger deutscher kommunistischer Flüchtling, Wilhelm Pieper, diese Funktion und arbeitet als Marx' Sekretär. Es ist nicht sicher, ob Jenny darüber so glücklich war. Als Pieper eines Tages verschwindet, ist Marx jedenfalls ganz froh, diesen manierierten jungen Mann loszuwerden; seine Frau übernimmt nun die Arbeit des Sekretärs. Wichtig bei dieser Arbeit ist, daß die Artikel rechtzeitig per Schiff verschickt werden, denn Marx wird nach Zeilen bezahlt. Kein Artikel, kein Zeilenhonorar. Er muß auch einige Demütigungen einstecken: unmögliche Überschriften, Kürzungen, Texte ohne Unterschrift... Er bekommt pro Artikel ein Pfund. Nach einer gewissen Zeit wird die Bezahlung etwas besser: zwei Pfund. Zehn Jahre hat er sich so über Wasser halten können.

Seine Bezüge sind zwar mager und unzulänglich, aber immerhin regelmäßig. Auf dem Höhepunkt seines Talents als Polemiker hat Marx mit seiner Feder viel Staub aufgewirbelt, insbesondere mit einer Reihe von Artikeln über den Premierminister Palmerston, die in einer Broschüre zusammengefaßt und mit Erfolg veröffentlicht werden.

Der Verleger hat den ganzen Gewinn eingesteckt. Aber Jenny ist stolz auf ihren Mann. In ihren autobiographischen Notizen schreibt sie den rührenden Satz: »Der ›Globe‹ und andere Regierungsblätter fingen an, auf diese Arbeiten aufmerksam zu werden, und machten Anspielungen auf Karl persönlich. Auch John Bright erwähnte mehrmals in dem House of Commons der von Karl der ›Tribune‹ mitgeteilten Aufsätze.«[89]

Im Grunde genommen hat der Mohr jetzt eine berufliche Position. Um sein schmales Gehalt aufzubessern, möchte er als Korrespondent für eine Zeitung in Breslau arbeiten. Er bittet Dana darum, eine amerikanische Zeitschrift ausfindig zu machen, die Interesse hätte, eine Reihe von Artikeln über die deutsche Philosophie seit Kant zu veröffentlichen. »Abgemacht«, antwortet Dana, »unter der Bedingung allerdings, daß die religiösen Gefühle der Amerikaner nicht verletzt werden.« Aber Marx geht der Sache nicht mehr nach. Er schreibt da und dort kleine Artikel, anstatt sich seinem »Kapital« (das noch »Die Ökonomie« heißt) zu widmen. Für Zeitungen zu schriftstellern langweile ihn, nehme ihm zu viel Zeit weg und lenke ihn zu sehr ab..., schreibt er einem Freund. Aber es ist das erste Mal, daß er wirklich für das Leben seiner Familie aufkommt, selbst wenn es kümmerlich ist. Jenny schreibt: »Das Weihnachtsfest dieses Jahres war das erste heitere Fest, das wir in London begingen. Die schweren täglichen, nagenden Sorgen waren durch Karls Verbindung mit der ›Tribune‹ gebrochen.«[90]

Sie beschreibt die Spiele der Kinder, ihre Spaziergänge... Die drei Kinder haben Mumps. Alle kleinen Freuden des Familienlebens. Sie sind entschlossen, umzuziehen, sobald »die kleine englische Erbschaft uns aus Ketten und Banden, die Bäcker, Metzger, Milchmann, tea- und greengrocer (Tee- und Gemüsehändler), und wie alle die feindlichen Gewalten hießen, um uns geschlungen hatten, erlöst haben werden.«[91]

Sie sind unglaublich, diese Marx'! Immer wieder fällt ihnen eine kleine Erbschaft vom Himmel herunter.

Diesmal ist es der alte Onkel Heinrich Georg von Westphalen, der stirbt. »Stirbt der Hund jetzt, so bin ich aus der Patsche heraus«, schreibt Marx 1852 an Engels.[92] Aber der Hund ist nicht kleinzukriegen. Er lebt noch drei Jahre. Dann stirbt er endlich. Jenny erbt mindestens hundert Pfund.

Sofort will sie nach Trier, um ihre geliebte Mutter zu besuchen, die jetzt achtzig Jahre alt ist. Aber sie braucht einen Reisepaß. Wie kann sie als Frau des kommunistischen Anführers, der aus Preußen ausgewiesen wurde, einen bekommen?

Jenny bittet ihren Bruder, Ferdinand von Westphalen, sich für sie einzusetzen. Das tut er sofort, denn Ferdinand ist immer bereit, seiner »vom rechten Weg abgekommenen Schwester« zu helfen.

Am 10. April 1856 schreibt Marx an Engels: »Meine Frau hat auf Sr. Majestät allerhöchsten Spezialbefehl einen Paß von Berlin erhalten...«[93] Es ist nicht zu fassen, er ist noch stolz darauf, dieser unverbesserliche Snob! Und er kündigt die Abreise Jennys und der ganzen Familie an, die dort drei oder vier Monate verbringen werden.

Während Jennys Abwesenheit flüchtet sich Karl zu Engels nach Manchester und denkt dort an sie. Sie sind seit dreizehn Jahren verheiratet. Sie hat sechs Schwangerschaften ertragen müssen – nun ist sie zum siebten Mal schwanger. Sie haben – zusammen und jeder für sich allein – viel durchgemacht.

Mit sechsunddreißig Jahren ist Karl gesundheitlich angegriffen. Würde man vergessen, wie es mit der Heilkunst der Ärzte im letzten Jahrhundert bestellt war, allein die Geschichte der Marx' würde uns daran erinnern. Verehrt und machtlos, konnten sie nicht viel ausrichten. Er schleppt sich also von einer Krankheit zur anderen: Furunkulose, Hämorrhoiden und Leberschmerzen, wie er sagt – aber wahrscheinlich ist es etwas anderes –, plagen ihn. Marx' Gesundheit ist ruiniert. Und er wartet immer noch – aber vergeblich – auf die Revolution, die er nie müde ist zu verkünden.

Mit vierzig Jahren ist Jenny immer noch eine Schönheit, zierlich, elegant, sobald sie ein bißchen Geld hat, aber die Sache mit Lenchen hat sie sehr mitgenommen.

Es kommt vor, daß Karl Engels schreibt, um seine kleinen Nöte zu schildern: »Ich versichere Dir, daß durch diese letzten petites misères ich a very dull dog geworden bin. Beatus ille (glücklich derjenige), der keine Familie hat.«[94] Er sagt auch: »Privatim, I think, führe ich the most troubled life that can be imagined. Never mind! Es gibt keine größere Eselei für Leute von allgemeinen Strebungen als überhaupt zu heiraten und sich so zu verraten an die petites misères de la vie domestique et privée.«[95]

Aber wenn er von Jenny getrennt ist, schreibt er ihr Briefe wie diesen – es handelt sich hier um einen der seltenen Briefe, die der Wut seiner Kinder nicht zum Opfer gefallen sind: »Mein Herzensliebchen, Ich schreibe Dir wieder, weil ich allein bin und weil es mich geniert, immer im Kopf Dialoge mit Dir zu halten, ohne daß Du etwas davon weißt oder hörst oder mir antworten kannst.

Schlecht, wie Dein Porträt ist, leistet es mir die besten Dienste, und ich begreife jetzt, wie selbst ›die schwarzen

Madonnen‹, die schimpfiertesten Porträts der Mutter Gottes, unverwüstliche Verehrer finden konnten, und selbst mehr Verehrer als die guten Porträts. Jedenfalls ist keins dieser schwarzen Madonnenbilder je mehr geküßt und angeäugelt und adoriert worden als Dein Photograph, das zwar nicht schwarz ist, aber sauer, und durchaus Dein liebes, süßes, küßliches, ›dolce‹ Gesicht nicht widerspiegelt. Aber ich verbeßre die Sonnenstrahlen, die falsch gemalt haben, und finde, daß meine Augen, so sehr verdorben vom Lampenlicht und Tobacco, doch malen können, nicht nur im Traum, sondern auch wachend.

Ich habe Dich leibhaftig vor mir, und ich trage Dich auf den Händen, und ich küsse Dich von Kopf bis Fuß, und ich falle vor Dir auf die Knie, und ich stöhne: ›Madame, ich liebe Sie.‹ Und ich liebe Sie in der Tat, mehr als der Mohr von Venedig je geliebt hat. [...]

Meine Liebe zu Dir, sobald Du entfernt bist, erscheint als was sie ist, als ein Riese, in die sich alle Energie meines Geistes und aller Charakter meines Herzens zusammendrängt. Ich fühle mich wieder als Mann, weil ich eine große Leidenschaft fühle...«[96]

Das klingt wie Musik in Jennys Ohren! Sie zeigt den Brief ganz stolz ihrer Mutter.

Sie findet sie sehr mitgenommen, halb gelähmt, aber glücklich, die Tochter wiederzusehen und ihre drei süßen Enkelinnen kennenzulernen. Die Gefühlsausbrüche sind in der Familie immer sehr heftig und man vermeidet es, über Politik zu reden. Was macht denn Karl? Er ist honoriger Korrespondent der größten amerikanischen Tageszeitung, antwortet Jenny.

Frau von Westphalen hütet sich davor, demjenigen, den

sie für den Anführer einer Bande hält, heftige Vorwürfe zu machen. Mutter und Tochter haben eine tiefe Beziehung zueinander, wodurch sie sich sehr verbunden fühlen. Sie vermeiden, sich gegenseitig wehzutun. Aber die alte Dame wird immer schwächer. Jenny feiert mit ihr zusammen ihren einundachtzigsten Geburtstag. Einige Tage später muß sie zusehen, wie sie stirbt, und ihr zerreißt es das Herz.

Als einziges Familienmitglied, das in Trier anwesend ist, muß sie sich um den Nachlaß der Mutter kümmern. Das bedeutet, daß sie mit Ferdinand in Verbindung treten muß. Eigentlich verhält er sich ganz korrekt, dieser von Marx gehaßte Halbbruder! Er schreibt einen gefühlvollen Brief, in dem er seine Betroffenheit über diesen »unersetzbaren Verlust für Dich und für mich« zum Ausdruck bringt und erklärt, daß Jenny und Edgar die einzigen Erben ihrer Mutter seien. Falls es Schulden oder sonstige finanzielle Probleme gäbe, schreibt er noch, solle Jenny ihm sofort schreiben, er wäre bereit, ihr zu helfen.

Man kann sich die Erleichterung vorstellen, die Jenny verspürt. Sie informiert Karl, der seinerseits sofort, wie gewohnt, Engels verständigt – was macht er überhaupt, ohne Engels einzubeziehen? Er schreibt ihm also: »Von meiner Frau heute Brief erhalten. Sie scheint sehr angegriffen über den Tod der Alten. Sie wird 8–10 Tage in Trier zuzubringen haben, um den sehr unbedeutenden Nachlaß der Alten zu versteigern und die proceeds (den Ertrag) mit Edgar zu teilen.«[97]

Für Jenny ist es ein Jammer, diese Erbengemeinschaft aufzulösen.

Der einzige Hoffnungsschimmer besteht darin, daß sie mit der Erbschaft die Dean Street werden verlassen können, dieses Loch, in dem sie seit sechs Jahren leben, diese zwei kleinen Räume, in denen der kleine Musch gestorben ist...

Jetzt wohnen sie in einem neuen Londoner Viertel am Rande von Hampstead Heath, einem Ort, der von den Londonern für Ausflüge bevorzugt wird und wo die Marx' oft zum Picknick gewesen sind.

Dort also, in der Grafton Terrace 9, lebt die Familie in einem zweistöckigen Häuschen mit Garten. Es sind sieben Zimmer, inklusive Küche. Lenchen hat ihre Halbschwester Marianne kommen lassen, die ihr von nun an helfen wird. Auf diese Weise wird sich Jenny voll und ganz den Arbeiten von Karl widmen können, der in die mühsame Ausarbeitung der »Kritik der politischen Ökonomie« vertieft ist.

In einem Brief an den Schwager ihres Halbbruders Ferdinand beschreibt Jenny, gerührt, ihr neues Zuhause, ohne ein einziges Detail auszulassen – so erwähnt sie zum Beispiel den geräumigen Dachboden, in dem die Koffer und Kisten untergebracht werden können... »Als wir zum ersten Mal auf unseren eigenen Betten schliefen, auf eigenen Stühlen saßen und sogar einen parlour besaßen mit second hand furniture im rococo Styl oder vielmehr bricabrac – da glaubten wir wirklich, wir bewohnten ein Zauberschloß und Pauken und Trompeten huldigten unserer jungen Herrlichkeit...«[98]. Zur Feier des Tages fließen Wein und Champagner in Strömen – von Engels spendiert.

Sie verleben den Winter in größter Abgeschiedenheit. Beinahe alle ihre Freunde haben London verlassen. Die wenigen, die zurückgeblieben sind, wohnen zu entfernt von ihnen, hinzu kommt, daß das Haus von Grafton

Terrace beinahe unzugänglich ist. Kein geebneter Weg führt dorthin, die Umgebung ist wie eine Baustelle, und wenn es in dieser »barbarischen« Region dunkel wird, »ehe man sich des Abends dem Kampf mit Nacht, Schutt, Lehm und Steinhaufen aussetzte, blieb man lieber am warmen Kaminfeuer sitzen.«[99]

»Es dauerte lange«, notiert Jenny weiter, »ehe ich mich an diese völlige Einsamkeit gewöhnen konnte. Ich sehnte mich oft nach meinen langen Spaziergängen in den belebten Straßen des Westend zurück, nach meinen Meetings, unsern Klubs und der gewohnten Kneipe mit ihrem traulichen Geplauder, bei dem ich so oft die Sorgen des Lebens eine Zeitlang vergessen hatte. Zum Glück hatte ich noch wöchentlich 2mal die ›Tribune‹-Artikel zu kopieren, wodurch ich stets mit den Weltbegebenheiten au courant (auf dem laufenden) blieb.«[100]

In diesem relativ ruhigen Zeitabschnitt ihres Lebens, »in dem ein Tag dem andern völlig gleich war, Essen und Trinken, Artikel schreiben, Zeitungen lesen und spazierengehen«[101] und da und dort Geld leihen..., trägt Jenny in ihren »Notizen« seltsame Gedanken ein.

Sie schreibt, daß sie zwar nicht unter »positivem Mangel« leide, aber doch unter beständigen Geldschwierigkeiten, daß sie kaum über die Runden komme.

Sie hat zwar Übung darin, aber diese Situation hält zu lange an, sie trifft sie umso mehr, »als mit dem alleinigen Besitz eines Hauses der Weg zur ›Respektabilität‹ angebahnt war. La vie de bohème (das Bummelleben) hatte ein Ende, statt daß man bisher frei und offen den Kampf der Armut im Exil gekämpft hätte, galt es von neuem, den Schein der Ehrbarkeit wenigstens aufrechtzuerhalten. Wir segelten mit vollen Segeln ins Philisterium hinein. Da war noch derselbe kleine Druck, dasselbe Ringen, noch all der kleine Jammer, dasselbe intime Verhältnis mit den retten-den 3 Kugeln – aber der Humor war dahin.«[102]

Soho war ihr Dorf geworden, wo man sich kannte und sich unter Armen gegenseitig half. »Doch war dieser Übergang nötig«, schreibt Jenny. »Es mußte mit der Vergangenheit gebrochen sein. Schon der Kinder wegen mußten die ebnen Wege des geregelten, respektabeln Bür-gerlebens eingeschlagen werden... [Wir] konnten nicht als Bohemiens weiterleben... [Aber ich fühlte] den wirkli-chen Druck des Exils...«[103]

Es scheint mir, daß sie dies mit sehr viel Feingefühl sagt, obwohl Jenny mir so vorkommt – oder ist es eher Karl? –, als würde sie von der »Respektabilität« besessen sein. Die Töchter besuchen übrigens eine gute Privatschule und bekommen Privatunterricht in Französisch, Italienisch, Zeichnen und Gesang!

Im Juli wird Jenny – zum letzten Mal – von einem Kind entbunden, das nicht überlebt. Sie wird damit sehr schlecht fertig. Zu viele Kinder hat sie bereits verloren. Sie ist am Ende, sie versinkt in einer Depression, sie weigert sich, das Bett zu verlassen. »Meine Frau körperlich besser; sie liegt jedoch noch; und außerordentlich verstimmt, was ich ihr au fond du cœur, under present auspices (unter den augenblicklichen Vorzeichen), nicht verdenke, obgleich es mich ennuyiert«, schreibt Karl an Engels.[104]

Vom unverwüstlichen Engels, dessen Einkommen sich stets verbessert, ohne daß seine Freundschaft darunter leidet, wird ein Fünf-Pfund-Schein geschickt, was Karl ermöglichen wird, Jenny ans Meer zu schicken. Lenchen begleitet sie vierzehn Tage mit den drei Töchtern. Kleiner, stärkender Aufenthalt, den Jenny bitter nötig hat.

Als sie zurückkommt, wie immer zwischen den Gläubigern und den Pfandleihern hin- und hergerissen, muß sie das Manuskript »Die Kritik der politischen Ökonomie« abschreiben, das der deutsche Verleger Duncker in Berlin erwartet. Der Rechtsanwalt Ferdinand Lassalle hat für Marx den Vertrag abgeschlossen.

Weihnachten ist traurig, trotz des von Engels geschickten Pakets mit Portwein, Sherry und Champagner. Jenny hat keine Zeit gehabt, für die Kinder ein Fest vorzubereiten.

Endlich ist sie mit ihrer Arbeit fertig. Aber Karl kann das Manuskript nicht an Duncker schicken, weil er kein Geld für das Porto hat. Engels beeilt sich, das Problem zu lösen. Jetzt läßt sich Duncker zu viel Zeit. Er möchte zuerst ein Stück von Lassalle (Franz von Sickingen) veröffentlichen, was Marx wütend macht. »Duncker, der Schweinehund, aber ist seelenvergnügt, daß er neuen Vorwand hat, die Zahlung meines Honorars aufzuschieben. Ich vergesse dem Jüdchen (Lassalle) diesen Streich nicht.«[105]

Die Beziehung von Marx zu Lassalle ist mindestens ambivalent. Lassalle tut ihm zwar dauernd verschiedene Gefallen, aber sein Fehler ist, brillant, reich und populär zu sein, und daß ein Teil der natürlichen »Kundschaft« von Marx ihm folgt. Marx täuscht ihm gegenüber Freundschaft vor, konsultiert ihn, bittet ihn um irgendwelche Dinge, beschimpft ihn aber andererseits mit einer beharrlichen antisemitischen Heftigkeit in den Briefen, die er an Engels schreibt.

Immerhin erscheint einen Monat später, im Juni 1859, die »Kritik der politischen Ökonomie«. Auflage: Tausend Exemplare. Keine Leser. Die deutsche Presse hat das Werk praktisch totgeschwiegen. Hinzu kommt eine erbärmliche Diffamierungsgeschichte, die Marx völlig absorbiert. Ursprung dieser Geschichte ist ein Flugblatt, das in einer kleinen Londoner Zeitung, für die Marx manchmal arbeitet, veröffentlicht wird. In diesem Flugblatt, von einer Augsburger Zeitung veröffentlicht, wird der berühmte deutsche Naturwissenschaftler Karl Vogt beschuldigt, als Agent im Dienste Frankreichs zu arbeiten. Vogt klagt wegen Diffamierung. Das Gericht verweist seinen Fall an das Schwurgericht. Vogt veröffentlicht eine Broschüre von zweihundert Seiten über seinen Prozeß, in der er die »Schwefelbande« der Londoner Flüchtlinge angreift, die unter der Leitung von Marx den deutschen Arbeitern Geld aus der Tasche zieht, wie er sagt.

Marx macht es krank, schlimmer, er reagiert darauf sofort mit einem Buch: Ein Pamphlet mit dem Titel »Herr Vogt«. Etwas anderes hat er nicht im Kopf. Jenny ist verzweifelt und bittet ihn inständig, sich beim Schreiben zu beeilen. Dann wieder leidet er unter starken Leberschmerzen. Sie ahnt schon, daß dieser »Herr Vogt« nichts einbringen wird, aber rein gar nichts. Und sie hat recht. Kein Verleger wird dieses Werk annehmen. Aber Karl ereifert sich. Zudem fühlt er sich durch einen von Vogt abgedruckten Brief, der von einem ehemaligen preußischen Leutnant, von Techow, stammt, in seiner Ehre verletzt. Dieser erzählt, daß er im August 1850 den Vorsitzenden des Bundes der Kommunisten, Karl Marx, in London besucht und mit ihm, Engels und anderen Mitgliedern des Bundes in einer Kneipe einen langen Abend verbracht habe. »Wir tranken zuerst Porto, dann ... rothen Bordeaux, dann Champagner. Nach dem Rothwein war er vollständig besoffen. Das war mir sehr erwünscht, denn er wurde offenherziger, als er sonst vielleicht gewesen wäre. Ich erhielt Gewissheit über Manches, was mir sonst nur Vermuthung geblieben wäre. Trotz diesem Zustande beherrschte er bis ans Ende die Unterhaltung. Er hatte mir den Eindruck nicht nur einer seltenen geistigen Ueberlegenheit, sondern auch einer bedeutenden Persönlichkeit gemacht. Hätte er ebensoviel Herz wie Verstand, ebensoviel Liebe wie Hass, dann würde ich für ihn durchs Feuer gehen [...] – Ich bedauere es um unseres Zieles willen, daß dieser Mensch nicht neben seinem eminenten Geist ein edles Herz zur Verfügung zu stellen hat. Auch ich habe die Ueberzeugung, daß der gefährlichste persönliche Ehrgeiz in ihm alles Gute zerfressen hat. Er lacht über die Narren, welche ihm seinen Proletarier-Katechismus nachbeten, [...] so gut wie über die Bourgeois. Die einzigen, die er achtet, sind ihm die Aristokraten, die reinen und die es mit Bewusstsein sind. [Er ist wirklich scharfsinnig, dieser Techow!] Um sie von der Herrschaft zu verdrängen, brauche er eine Kraft, die er allein in den Proletariern findet, deshalb hat er sein System auf sie zugeschnitten. Trotz all seinen Versicherungen vom Gegentheil, vielleicht gerade durch sie, hab'ich den Eindruck mitgenommen, daß seine persönliche Herrschaft der Zweck all seines Treibens ist.«[106]

Das also das harte Urteil, das ein junges Mitglied seiner Partei über Karl Marx gefällt hat.

Marx hat darauf reagiert, als hätte man ihm Vitriol ins Gesicht geschüttet. Er hat viel Zeit – viel zu viel! – damit verbracht, darauf zu antworten. Da er keinen Verleger in Deutschland findet, läßt er »Herr Vogt« auf seine Kosten in London drucken. Es kostet ihn fünfundzwanzig Pfund! Damit ließe sich eine ganze Weile leben. Leider hat das

Pamphlet seine Wirkung verfehlt. Jenny meint, das absichtliche Schweigen der Presse hätte dazu geführt, daß die Verkaufszahl viel niedriger gewesen sei, als sie erwartet hatten.

Eines Tages im November wacht Jenny mit hohem Fieber auf. Man ruft den Doktor Allen. Er untersucht sie. »Meine liebe Frau Marx«, sagt er, »ich bedaure es, Ihnen mitteilen zu müssen, daß Sie Pocken haben. Die Kinder müssen unbedingt das Haus verlassen.«

Die drei Töchter werden auf der Stelle zu den Liebknechts geschickt, die sie solange betreuen, wie es nötig ist. Der Mohr und Lenchen lassen sich sofort impfen. Sie werden Jenny pflegen. Die Krankheit ist grausam, das Fieber sehr hoch, der Zustand von Jenny kritisch. Man muß ihr Eis auf die Lippen legen. Sie kann nicht mehr schlucken, ihr Gehör wird schwächer. Zum Schluß schlossen sich die Augen, schreibt Marx, ohne daß er wüßte, ob sie nicht für immer in ewige Nacht gehüllt bleiben würden.

Schließlich sinkt das Fieber. Als Jenny ihr von Pockennarben entstelltes Gesicht erstmals im Spiegel erblickt, möchte sie sterben. Sie hat das Gefühl, ein »Rhinozeros« zu sein, dessen Platz eher im zoologischen Garten als »im Bund der kaukasischen Rasse« sei.

Als ihre Töchter sie sehen, brechen sie in Tränen aus. Was ist aus ihrer Mutter geworden? Mit sechsundvierzig Jahren ist Jennys Gesicht entstellt. Nach einigen Monaten werden kaum noch Spuren von der Krankheit zu sehen sein, aber im ersten Moment schien es entsetzlich.

Eine der Töchter, Laura, schreibt ein wenig später, ihre Mutter sei dünn wie ein Hering, spindeldürr; sie sage, daß sie früher schönere Tage erlebt habe.

Das schönste Mädchen von Trier ist nur noch ein Schatten ihrer Vergangenheit, selbst wenn sie noch anmutig aussieht und den stolzen Ausdruck ihrer grünen Augen behalten hat. Der Arzt hat ihr empfohlen, Portwein zu trinken. Es trifft sich gut, denn Portwein wird in der Familie leidenschaftlich gern getrunken. Engels schickt die Flaschen kistenweise.

Sie haben es nötig. Denn das finanzielle Gleichgewicht, das sie durch Engels'großzügige Spenden und das Honorar der »Tribune« gefunden hatten, ist jetzt ins Schwanken gekommen.

Auf Grund des amerikanischen Bürgerkrieges hat die Zeitung die Mitarbeit von Marx vorübergehend eingestellt. Er hatte der Zeitung dreihunderteinundzwanzig Artikel geschickt, hundertneun waren von Engels, ein Viertel wurde ohne seine Unterschrift als Editorial der Zeitung veröffentlicht.

Sehr schnell sind die Marx' wieder da, wo sie schon waren: Karl löst wieder Wechsel ein, sie werden von den Gläubigern belästigt, und Jenny fühlt sich umso mehr davon betroffen, als »die ältesten Mädchen in die schöne goldne Zeit der ersten Jugend traten...«[107]

Was tun? Karl hat eine einzige Hoffnung: den Nachlaß seiner Mutter. Es muß doch möglich sein, auf Basis dieser Erbschaft Geld zu leihen? Aber von wem? Von seinem Onkel, dem Bankier Lion Philips, Testamentsvollstrecker seiner Mutter. Und woher soll er das Geld für die Reise nach Holland bekommen? Er zieht einen Wechsel auf Lassalle, ohne mit der Wimper zu zucken; es gelingt ihm, sich einen Reisepaß unter dem Namen Bühring ausstellen zu lassen und nun tritt er die »Marodeur-Reise«, so Jenny, an.

In Zalt-Bommel, wo Lion Philips wohnt, gibt Marx solch eine brillante Figur ab, daß der Onkel von diesem glänzenden Neffen bezaubert ist und ihm auf seine Erbschaft hundertsechzig Pfund Vorschuß gibt.

Gerettet. Gerettet und bezaubert von einer der Töchter Lions, Antoinette, Nanette genannt, einem vierundzwanzigjährigen Mädchen, das verführerisch und witzig ist, dazu noch »gefährliche schwarze Augen« besitzt, so der Mohr. Ganz frech wird er ihr den Hof machen. Sie verliebt sich in ihn, sie ist von diesem zweiundvierzigjährigen Cousin fasziniert, der solch einen merkwürdigen Weg eingeschlagen hat und nennt ihn »Pascha«.

Karl verbringt vier Wochen in Zalt-Bommel. Wie weit er mit seinem Flirt gegangen ist, weiß keiner genau. Ziemlich weit, wie es scheint.

Kaum hat er Zalt-Bommel verlassen, als Nanette ihm schreibt. Sie schreibt, daß sie ihrer Familie so oft von ihm erzähle, daß diese sich über ihre Zuneigung zu ihm lustig mache, die übrigens nicht solch eine philosophische Dimension besitze, wie seine zu ihr... Jetzt hätte sie aber die Zeit und die Geduld von ihrem »lieben Pascha« zu sehr in Anspruch genommen und würde sich nun von ihrem »lieben Freund« verabschieden, der auf sich gut aufpassen und seine liebe Nanette nicht vergessen solle.

Karl nennt sie »meine holde kleine Cousine«, »meine kleine Zauberin...«, »meine grausame kleine Hexe...«[108] Aber drücken wir beide Augen zu!

Nach vier wunderschönen Wochen verläßt Karl Zalt-Bommel und fährt nach Berlin. In Preußen hat ein Machtwechsel stattgefunden, und den politischen Flüchtlingen wird eine Amnestie gewährt. Nach zwölf Jahren Abwesenheit kann Karl endlich in sein Land einreisen.

8

ALLEIN DAS GESCHÄFT IST GRÜN…

Am 17. März 1861 kommt er in Berlin an, wo er der Gast von Ferdinand Lassalle sein wird. Der glänzende Rechtsanwalt und vergötterte Sozialist hat keine Ahnung von den giftigen Äußerungen, die Marx über ihn macht. Er öffnet ihm sein Haus, eine luxuriöse Bleibe im besten Viertel von Berlin. Er und seine Liebhaberin und Beschützerin, die Gräfin von Hatzfeldt, zerreißen sich, um den Aufenthalt von Marx so angenehm wie möglich zu gestalten.

Lassalle hat ein Projekt vor und hält damit nicht hinter dem Berg. Es handelt sich um die Gründung einer Zeitung, die von der Gräfin Hatzfeldt finanziert wird und deren Leitung er sich mit Marx teilen möchte.

Marx spielt mit diesem Gedanken. Er hat zwar überhaupt keine Lust, London zu verlassen und haßt im Grunde Lassalle, aber die Perspektive der Zeitung gefällt ihm durchaus… Man stellt ihn der Berliner Prominenz vor, man lädt ihn ins Theater, in die Oper ein: Die Gräfin macht sich einen Spaß daraus, Marx einen Platz in der Loge neben der von König Wilhelm I. zu reservieren. Sie begleitet ihn und veranstaltet zu seiner Ehre ein großes Diner, zu dem einige Berliner Persönlichkeiten eingeladen werden… Marx ist »lionized«, wie die Engländer sagen (es gibt keinen Ausdruck im Französischen bzw. im Deutschen, um zu sagen, daß man ein Löwe wird, d. h. daß man als prominente Person behandelt wird – und der Ausdruck paßt hervorragend zu Marx!)

Von der Gräfin Hatzfeldt schreibt er Nanette: »... sie ist eine sehr distinguierte Dame, kein Blaustrumpf, sie besitzt viel natürlichen Intellekt und ist sehr lebhaft, an der revolutionären Bewegung sehr interessiert und von einem aristokratischen laissez aller, das den pedantischen Grimassen der professionell femmes d'esprit sehr überlegen ist.«[109] Der gute, liebe Marx! Bei einer Gräfin kann er wirklich nicht widerstehen!

Sophie Hatzfeldt, die zwanzig Jahre älter ist als Lassalle, ist übrigens eine vornehme Frau, aber zynisch, ja sogar unverschämt, und immer übertrieben geschminkt.

Während dieser mondänen Episode schreibt Karl viel an Nanette, es sind lange zärtliche Briefe. Er schreibt viel weniger an Jenny, die mit den üblichen finanziellen Schwierigkeiten zu kämpfen hat, abgesehen davon, daß Lenchen an einer Lungenentzündung erkrankt ist. Aber Marx schwebt im Moment in einer anderen Welt.

Um Nachrichten von ihrem Mann zu bekommen, sieht sich Jenny gezwungen, sich an Engels zu wenden, um von den Briefen ihres »lieben Herrn und Gebieters« zu erfahren, die »diesmal ganz besonders stark am ›Lapidarstil‹ laborieren«, so Jenny.[110]

Sie ist diesem Zeitungsprojekt in Preußen ganz und gar feindlich gesonnen. Erstens will sie sich in Berlin nicht sehen lassen, weil sie noch die Narben des Pockenausschlages auf dem Gesicht trägt. Das ist der rein weibliche Aspekt der Sache. Aber der tiefere Grund ist, daß sie eine Abneigung gegen ihr Land gefaßt hat. Als Lassalle ihr schreibt, daß man sich über die Rückkehr des verlorenen Sohnes sehr freuen wird, antwortet sie: »Sie machen mir ja ganz glänzende Hoffnung zur baldigen Heimkehr ins Vaterland! Aufrichtig gestanden ist mir das Vaterland, ›das teure‹, ganz abhanden gekommen. Ich habe in allen den kleinsten und entferntesten Winkeln des Herzens gesucht und kein Vaterland gefunden.«[111]

Sie versteht nicht, warum ihr Mann es so eilig hat, wieder ein Untertan des Königs von Preußen werden zu wollen. Was sie betrifft, wolle sie lieber ein Habenichts in London als die Frau eines Zeitungsdirektors in Berlin sein.

Als sie erfährt, daß Karl seine Zeit mit der Gräfin Hatzfeldt verbringt, die in üblem Ruf steht – sie nennt sie die Babylonierin –, dreht sich ihr der Magen um.

»Meine Frau ist noch speziell gegen eine Übersiedlung nach Berlin, weil sie unsre Töchter nicht in den Hatzfeldtschen Kreis introduzieren wünscht«, schreibt Marx an seinen Onkel Lion Philips.[112]

Aber er spielt mit dem Gedanken, allein nach Berlin zu kommen, für sechs Monate zum Beispiel... Allerdings gibt es noch ein praktisches Problem zu lösen: Marx ist staatenlos. Wird der Polizeipräsident von Berlin damit einverstanden sein, ihm seine preußische Staatsangehörigkeit zurückzugeben? In einem Brief, den Lassalle persönlich dem Präsidenten übergibt, formuliert er ein Gesuch.

Dann beschließt er, auf Umwegen nach Hause zurückzukehren. Er fährt über Köln und Trier, wo er seine Mutter wiedersieht. Er erreicht von ihr lediglich die Vernichtung von einigen Schuldscheinen, sonst nichts. Er macht einen Abstecher nach Zalt-Bommel, um Nanette zu besuchen...

Nach acht Wochen Abwesenheit ist er am 29. April 1861 endlich in London zurück. Er kommt aus Holland, mit vielen Geschenken beladen.

Jenny schreibt an Lassalle: »Das war ein Jubel, als der Mohr am verflossenen Montag plötzlich unerwartet bei uns einsprang. Bis spät in die Nacht hinein wurde geplaudert und ausgekramt und besehen und gejubelt, gelacht, geherzt und geküßt. Mir ist besonders wohl die interimistischen Zügel der Herrschaft wieder los zu sein und mich von neuem als ›Untertan‹ zu fühlen.«[113]

Die Marx' werden wegen Berlin wohl keinen Streit miteinander haben. Denn der Präsident Zedlitz hat Karls Gesuch um die preußische Staatsangehörigkeit abgewiesen.

Dank dem Vorschuß, dem man dem Onkel aus Holland abknöpfen konnte, sind die Finanzen der Familie eine Zeitlang saniert. Man bereitet sich auf die Geburtstagsfeier von Jennychen vor, die siebzehn wird – die älteste Tocher ist ein sehr hübsches junges Mädchen mit schwarzen Augen –, man kocht Braten und Bouillon, man lebt auf großem Fuß, es wird getanzt, gesungen, gehüpft. Man bereitet auch den Empfang von Nanettes Bruder vor, Jacques, der sich gerade in London aufhält; Jenny und Karl geben ihm ihr Zimmer, er soll wie ein König empfangen werden; man räumt auf, man putzt...

Während dieser ihnen gnädigen Monate ereignet sich bei den Marx' nichts Dramatisches. Man macht sich Sorgen, weil Jennychen viel hustet, Tussy die Gelbsucht bekommen hat... Es sind nur alltägliche Dinge.

Aber sehr bald ist die holländische Manna frisch-fröhlich ausgegeben und nichts ist mehr übrig. Und was tut Marx? Meldet sich bei Engels. Routine verpflichtet.

Leider hat sich Engels' Situation – zumindest vorläufig – verändert. England steckt in einer Wirtschaftskrise, die sich durch den amerikanischen Bürgerkrieg verschlimmert hat, welcher unter anderem eine Baumwollknappheit nach sich gezogen hat. In der Textilfabrik von Engels wird nur noch halb soviel gearbeitet, sein eigenes Einkommen ist entsprechend gekürzt worden, so daß er kaum noch seine Miete bezahlen kann. Er kann Karl also nicht helfen. Die Milchkuh gibt keine Milch mehr.

Marx versucht alle möglichen Notlösungen. In einem Brief an Lassalle 1862 schreibt er: »Ich habe während des letzten Jahrs, um nicht zu verhungern, das schnödeste Handwerkzeug machen müssen...«[114] Mehr weiß man nicht darüber, nur daß er sich um eine Stelle bei der Eisenbahn beworben hat. Seine Bewerbung wurde auf Grund seiner unleserlichen Schrift abgelehnt.

Melancholisch schreibt er an Engels: »Grau, teurer Freund, ist alle Theorie, und nur das busineß ist grün. Ich bin leider zu spät zu dieser Einsicht gekommen.«[115] Ein Besuch von Lassalle, der wegen der Weltausstellung nach London gekommen ist, ärgert Jenny. Sie findet den Mann theatralisch, eingebildet, von seinem Genie überzeugt, er halte sich für den Messias der deutschen Arbeiter und berufe sich auf Marx, ohne ihn zu verstehen. Der Mohr denkt noch viel Schlimmeres über ihn (er nennt ihn den »jüdischen Nigger Lassalle«), nichtsdestotrotz versucht er, ihm Geld abzuknöpfen. Lassalle ist einverstanden, ihm einen Wechsel über vierhundert Taler zu unterschreiben. Marx fühlt sich trotzdem von diesem »Kerl« beleidigt, weil er »die Frechheit hatte, mich zu fragen, ob ich eine meiner Töchter als ›Gesellschafterin‹ der Hatzfeldt übergeben wolle...«[116]

Das hindert ihn aber nicht daran, den Wechsel einzulösen. Und schon fährt die Familie auf Kosten Lassalles ans Meer nach Ramsgate, um dort ihre Ferien zu verbringen.

Einige Monate vergehen, dann fängt alles wieder von vorne an. Der Onkel aus Holland will nichts mehr von ihnen wissen. So kommt der Mohr auf die Idee, Jenny nach Paris zu schicken, damit sie sich einem reichen französischen Freund, der Bankier ist, zu Füßen wirft.

Sie fährt im Dezember 1862 los, die Reise ein Alptraum. Sie überquert den Ärmelkanal im Sturm, wartet ewig auf einen Zug, nimmt eine Droschke, die umstürzt. »In bittrer Kälte und von Sorgen erdrückt, kam ich bei dem guten Freund an, um ihn vom Schlage berührt, kaum kenntlich wiederzufinden. Er starb einige Tage nach meinem Kommen. Ich kehrte hoffnungslos heim...«[117]. Dort erfährt sie von dem plötzlichen Tod Mariannes, der jüngeren Schwester Lenchens.

Zweifellos machen die Marx' jetzt eine schlimme Zeit durch. Und es kommt zum ersten und einzigen wirklichen Streit zwischen dem Mohr und Engels.

Die irländische Freundin Engels', Mary Burns, ist plötzlich an Herzversagen gestorben. Engels, der sehr mitgenommen ist, schreibt dem Mohr: »Mary ist tot. [...] Ich kann Dir gar nicht sagen, wie mir zumute ist. Das arme Mädchen hat mich mit ihrem ganzen Herzen geliebt.«[118] (Typisch männliche Formel übrigens, denn er sagt nicht: »ich habe sie geliebt«, sondern: »sie hat mich geliebt«!)

Die Antwort vom Mohr lautet: »Die Nachricht vom Tode der Mary hat mich ebenso überrascht als bestürzt. Sie war sehr gutmütig, witzig und hing fest an Dir. Mag der Teufel wissen, daß nichts als Pech jetzt in unseren Kreisen sich ereignet...«[119] Es folgen verschiedene Äußerungen über seine finanziellen Schwierigkeiten, die mit dem erstaunlichen Satz enden: »Hätte nicht statt der Mary meine Mutter, die ohnehin jetzt voll körperlicher Gebrechen und ihr Leben gehörig ausgelebt hat,...?«[120]

Selbst ein Engels ist nicht in der Lage, einen derartigen Beileidsbrief zu ertragen. Angesichts dieses Mangels an Einfühlungsvermögen und Anteilnahme wird er so wütend, daß er einige Tage braucht, um wieder in der Lage zu sein, dem Mohr zu antworten. Er muß wirklich erst wieder zu sich kommen.

Endlich schreibt er ihm am 13. Januar 1863: »Du wirst es in der Ordnung finden, daß diesmal mein eignes Pech und Deine frostige Auffassung desselben es mir positiv unmöglich machten, Dir früher zu antworten.

All meine Freunde, einschließlich Philisterbekannte, haben mir bei dieser Gelegenheit, die mir wahrhaftig nahe genug gehen mußte, mehr Teilnahme und Freundschaft erwiesen, als ich erwarten konnte. Du fandest den Moment passend, die Überlegenheit Deiner kühlen Denkungsart geltend zu machen. Soit!«[121]

Marx ist beschämt. Er bittet um Verzeihung. Es »geschah ... unter dem Eindruck sehr desperater Umstände«, so viele Dinge würden ihn plagen, er »hatte den broker (Gerichtsvollzieher) im Haus vom landlord (Hauswirt), einen Wechselprotest vom Metzger, Mangel an Kohlen...«[122]

Es ist das einzige Mal im Leben von Karl Marx, von dem man weiß, daß er sich entschuldigt hat. Dabei hat er einen Teil der Schuld für diesen fehlgeschlagenen Streit Jenny in die Schuhe geschoben, denn er schreibt: »Die Weiber sind komische Kreaturen, selbst die mit viel Verstand ausgerüsteten.«[123]

Er teilt Engels seine Entscheidung mit: er will sich für zahlungsunfähig erklären, die beiden Töchter, Jennychen und Laura, irgendwo als Gouvernanten unterbringen, Lenchen kündigen und mit seiner Frau und der kleinen Tussy in einem möblierten Hotel leben.

All diese guten Absichten hat er, sagen wir es gleich, nie in die Tat umgesetzt. Engels, von der Eindeutigkeit und auch Ehrlichkeit gerührt, mit der Marx sein Bedauern ausdrückt, antwortet, daß er froh ist, daß er »nicht auch mit der Mary gleichzeitig meinen ältesten und besten Freund verloren« hat.[124]

Der Zwischenfall ist damit erledigt, aber Engels wird ihn nie vergessen.

Er wird jedoch nicht zulassen, daß sich die von Marx angekündigten Katastrophen tatsächlich ereignen. Er wird ein großes Risiko eingehen, indem er auf einen Kunden der Firma »Ermen and Engels« einen Wechsel von hundert Pfund, zahlbar in vier Monaten, ausstellt. Marx ist für ein Mal unendlich dankbar.

Auf der anderen Seite hat Jenny eine Bewunderin aus Frankfurt gewonnen, Frau Markheim. Diese schickt ihr ab und zu ein bißchen Geld, und Jenny kommt sofort ihren Verpflichtungen nach. Ein ehemaliger Mitarbeiter der »Neuen Rheinischen Zeitung«, der sich vom politischen Leben zurückgezogen hat, Ernst Donke, entrichtet auch seinen Obolus. Wunderbar, das Schlimmste haben sie hinter sich. Dann bringt eine Nachricht Karl in Harnisch: Lassalle ist zu vier Monaten Gefängnis verurteilt worden, weil er ein Arbeiterprogramm veröffentlicht hat. »Du weißt, daß die Sache nichts ist als schlechte Vulgarisation des ›Manifests...‹«,[125] erklärt Marx in einem Brief an Engels. Und: »Der Kerl denkt offenbar, er sei der Mann, um unser Inventarium anzutreten. Dabei das Grotesk-

Lächerliche!«[126] Unterdessen genießt Lassalle ein immer größeres Ansehen.

Etwas Ruhe ist ins Haus zurückgekehrt, Marx setzt sich wieder an die Abfassung des »Kapital«. »Es ist, als ob das unselige Buch nie zustande kommen sollte. Es lastet wie ein Alp auf uns allen«, sagt Jenny.[127] Sie kann sich nicht vorstellen, wie schwer der »Alp« später auf der Welt lasten wird.

Der Mohr wird durch eine Augenentzündung seine Arbeit unterbrechen müssen. Dann entdeckt er entsetzt Ausschläge an seinem ganzen Körper, die er für Tumoren hält. Es handelt sich um Karbunkel, die Doktor Allen aufschneidet. Es gibt noch längst keine Antibiotika. Mit einer offenen Wunde am Rücken schwebt der Patient einen Monat in Lebensgefahr.

Eine neue Katastrophe ereignet sich, die die seelische Gesundheit von Karl und Jenny belastet: Ferdinand Lassalle wird zum Vorsitzenden des »Allgemeinen Deutschen Arbeitervereins« (ADAV) gewählt, der ersten unabhängigen Arbeiterorganisation in Deutschland, aus der die sozialdemokratische Partei hervorgehen wird.

Engels ist empört: Das Amt des Vorsitzenden stand eigentlich Marx zu. Endlich, als sie nahe daran sind, den Besuch des Gerichtsvollziehers wieder zu empfangen, kommt die große Nachricht, auf die Marx seit Jahren wartet: seine Mutter ist gestorben. Hurra!

Engels, der um Unterstützung gebeten wurde, schickt sofort die zehn Pfund, die Marx braucht, um nach Trier zu fahren. Am 7. Dezember 1863 fährt er los, seine Wunden sind noch nicht verheilt. Dort ziehen sich die Dinge in die Länge, bevor er die Entfernung der gerichtlichen Siegel auf den Papieren und den Sachen seiner Mutter durchsetzt. Es wird insgesamt fünf Wochen dauern, bis er mit dem lieben Geld wieder nach Hause fahren kann. Er nutzt die Zeit aus, um Nanette einen Besuch abzustatten. Er schreibt an Jenny: »Außerdem fragt man mich täglich, links und rechts, nach dem quondam (einstmals) ›schönsten Mädchen von Trier‹ und der ›Ballkönigin‹. Es ist verdammt angenehm für einen Mann, wenn seine Frau in der Phantasie einer ganzen Stadt so als ›verwunschene Prinzessin‹ fortlebt.«[128]

Dann fährt er nach Zalt-Bommel, um bei Nanette das Ende der Formalitäten abzuwarten. Seine schöne Cousine pflegt zärtlich seine Karbunkel, die erneut ausbrechen und ihn quälen.

In London hängt Jenny, bedrückt, trüben Gedanken nach. »Herzenskarl ... hier friert ... es Pickelsteine... Wüßte ich Dich nicht im gesegneten Land, so würde ich mich namentlich in dieser Weihnachtzeit, wo home u. family die Parole des Tages sind, sehr, sehr verlassen gefühlt haben. So hatte ich wenigstens bei Deinem Leiden die Beruhigung, Dich gehegt und gepflegt zu wissen, u. das half mir über vieles hinweg...«[129] schreibt sie.

Sie erzählt über den Alltag: »Eine befreundete französische Familie, die Lormiers, ist vorbeigekommen, um zu singen und zu tanzen. Es ist immerhin besser als gar nichts, das muntert die Kinder auf. Die ganze Familie ist ins Theater gegangen, um Miß Bateman, die berühmte amerikanische Schauspielerin, zu sehen... Now good bye old boy! Laß bald von Dir hören!«[130] Sie hat offensichtlich nie den Verdacht geschöpft, welcher Art die Gefühle des Mohr für Nanette waren. In ihren Erinnerungen notiert sie nur: »Es war eine schreckliche Zeit – dieser einsame, trostlose Winter!!«[131]

Nun ist sie vorbei! Der Mohr kehrt Ende Februar zurück, er ist steinreich – relativ gesehen. Wir wollen hier nicht auf die Erbschaft und die Vorschüsse, die er schon bekommen hat, bis ins Detail eingehen; auf jeden Fall steht er nun mit hundertfünfzig Pfund da. Hinzu kommt, daß im Mai 1864 ein alter, ergebener, genügsamer und lediger Freund, Lupus, im Alter von fünfundfünfzig Jahren stirbt. Er hinterläßt testamentarisch den Marx' den größten Teil seiner Lebensersparnisse, es sind siebenhundert Pfund. Alles zusammen macht eine Geldsumme aus, die die Marx' in ihrem ganzen Leben nie besessen haben.

9

UND JETZT WIRD ZUM BALL EINGELADEN!

Sie werden sich sehr schnell daran gewöhnen. Wie man weiß, ist es für einen Armen leichter, reich, als für einen Reichen arm zu werden. Zuerst zieht man in ein schönes, helles und geräumiges dreistöckiges Haus in ein gutes Viertel, gegenüber einem Park. Dann läßt man sich Visitenkarten anfertigen: *»Mrs. Karl Marx, née Baroness Jenny von Westphalen«* – was auf die Unkenntnis der guten englischen Traditionen hindeutet. Die Frauen tragen nicht ihre Titel zur Schau. Der Mohr brummelt vor sich hin, beunruhigt, daß diese Visitenkarten in die Hände seiner Feinde fallen könnten. Aber auch er entdeckt die Wonnen des Kapitalismus. Er schreibt seinem Onkel: »Da mich diese lästige Krankheit sehr am Arbeiten hinderte [...] habe ich, was Dich nicht weniger wundern wird, spekuliert, teils in Amerikanischen funds, namentlich aber in den englischen Aktienpapieren, die wie Pilze in diesem Jahr hier aus der Erde wachsen [...], zu einer gewissen unvernünftigen Höhe getrieben werden und dann meist zerplatzen. Ich habe in dieser Art über 400 Pfund gewonnen und werde jetzt, wo die Verwicklung der politischen Verhältnisse neuen Spielraum bietet, von neuem anfangen. Diese Art von Operationen nimmt nur wenig Zeit fort, und man kann schon etwas riskieren, um seinen Feinden das Geld abzunehmen.«[132]

Später schreibt er an Engels: »Jetzt ist wieder die Zeit, wo mit wit und very little money (Verstand und sehr wenig Geld) Geld gemacht werden kann in London.«[133]

Es scheint jedoch, daß er der Sache nicht weiter nachgegangen ist. Aber ist dieses Bild von Marx nicht hübsch, der seine Erbschaft ganz vorsichtig an der Londoner Börse gewinnbringend anlegt?

Es ist unwahrscheinlich, daß Jenny davon weiß. Aber sie hätte bestimmt keine moralischen Einwände dagegen gehabt. Die Marx' leben in einer geistigen Verfassung, die später sehr verbreitet sein wird, und die man so zusammenfassen könnte: »Wir verkörpern die Tugend und das Wohl des Proletariats, infolgedessen ist uns alles erlaubt.«

Die arme Jenny! Diese Jahre voller Entbehrungen waren grausam für eine junge, anspruchsvolle Frau, die andere Verhältnisse gewohnt war. Ihre größte Sorge ist aber, ob ihre Töchter sich ihres Standes würdig zeigen können. Dem Mohr sind Komfort und äußere Erscheinungen ziemlich gleichgültig, Hauptsache, er hat eine Ecke zum Schreiben und eine Bibliothek in Reichweite. Aber wenn es um seine Töchter geht, gibt er Jenny Recht.

Auf jeden Fall hat er nichts dagegen, daß fünfzig mit Gold umsäumte Visitenkarten eines Tages das Haus verlassen, auf denen folgende Einladung abgedruckt ist:

»Dr. Karl Marx and Frau Jenny Marx, née von Westphalen, invite the pleasure of your company at a ball given at their residence, 1 Modena Villas, Maitland Park, Haverstock Hill London NW, on october 12 1864.«

Ein Ball also! Sie geben einen Ball! Natürlich sind die Garderoben gründlichst erneuert worden, Jenny und die drei Töchter tragen Abendkleider vom besten Geschmack. Der Mohr einen Gehrock. Er trägt, wie immer, ein Monokel am rechten Auge und tanzt mit seinen Töchtern Walzer. Man hat ein Orchester engagiert. Bedienstete servieren die Erfrischungen. Mit fünfzig Jahren hat Jenny wieder an ihre Jugend angeknüpft, an die Zeit, als sie bei ihren Eltern in dem schönen Haus der Westphalens Gäste empfing.

Die Töchter sind wunderschön und genauso intelligent wie Vater und Mutter. Jennychen, die älteste, sehr dunkelhaarig und zerbrechlich, Laura, hellhäutig und mit den grünen Augen ihrer Mutter, und Eleanor, Tussy genannt, dunkelhäutig und noch ganz klein, amüsieren sich sehr.

Es ist schwer zu sagen, wie die Zusammensetzung der Gäste ist, auf jeden Fall pflegen die Töchter in der Schule sehr gute Beziehungen zur höheren Gesellschaft. Diesem »ersten kleinen Ball«, schreibt Jenny, »[folgten] später noch einige kleinere Partien [nach].«[134] Kurz und gut, die Marx' haben begonnen, zu »empfangen« und auf großem Fuß zu leben.

Dieser Zeitabschnitt in Jennys Leben ist besonders anrührend, denn sie macht sich keine Illusionen und ihr ist es im Grunde klar, daß das alles – das Leben im Überfluß, das Geld, das unter den Fingern zerrinnt, das Raffen von Hüten und Kleidern in teuren Geschäften, die Lässigkeit, die einem plötzlich der Besitz des Geldes verleiht – nicht ewig so bleiben wird. Geld beiseitelegen? Das ist nicht die Art von Jenny und wahrscheinlich auch nicht ihre Stärke. Im Gegenteil, sie geht mit dem Geld verschwenderisch um. Wenn man nicht gerade Gäste empfängt, fährt man zur Kur oder ans Meer, man richtet ein Gewächshaus mit allerlei exotischen Pflanzen ein, man geht viel ins Theater oder ins

Konzert und kauft sogar für Engels – man möchte sich schließlich revanchieren – irgendwelche Geschenke. Und das Haus füllt sich mit Hunden, Katzen, Vögeln – Tussys kleinem persönlichem Tierpark.

Die Marx' sind mit ihrer Gastfreundschaft großzügiger denn je. Sie haben ein offenes Haus, alle möglichen Flüchtlinge sind immer herzlich eingeladen. Von der Jenny aus jener Zeit, der reizenden Gastgeberin, ist folgendes Porträt von einem Freund des Hauses, Wilhelm Liebknecht, gezeichnet worden: »Frau Marx hatte über uns eine vielleicht noch größere Herrschaft als Marx selbst«, schreibt er. »Diese Würde, diese Höhe, die zwar nicht die Vertraulichkeit, aber jede Ungehörigkeit, alles nicht Schickliche fernhielt, wirkte mit Zaubergewalt auf uns wilde, zum Teil sogar ein bißchen verwilderte Gesellen. [...] Frau Marx war die erste Frau, durch welche ich die erzieherische Kraft und Macht der Frauen erkennen lernte. [...] Ehe ich Frau Marx traf, hatte ich die Wahrheit des Goetheschen Worts nicht begriffen: ›Willst du genau erfahren, was sich ziemt, so frage nur bei edlen Frauen an!‹ Sie war mir bald Iphigenie, die den Barbaren sänftigt und bildet, bald Eleonore, die dem mit sich Zerfallenen, an sich Zweifelnden Ruhe gibt – Mutter, Freundin, Vertraute, Beraterin. Sie war mir das Ideal eines Weibes, und sie ist es mir. Und – es sei hier wiederholt – wenn ich in London nicht zugrunde gegangen bin, geistig und körperlich, dann verdanke ich es zum großen Teile ihr...[135]

Und einen anderen Zeugenbericht von Leßner, dem Schneider, lesen wir in dessen »Erinnerungen eines Arbeiters«: »Marx' Haus stand jedem zuverlässigen Genossen offen. Die angenehmsten Stunden, welche ich wie viele andere in seinem Familienkreise verlebt habe, sind mir

unvergeßlich. Hier glänzte vor allem die ausgezeichnete
Frau Marx, eine große, selten schöne Frau, vornehm in der
äußeren Erscheinung, dabei aber außergewöhnlich gutmütig, liebenswürdig geistreich und so frei von allem Stolz
und jeder Steifheit, daß man sich in ihrer Umgebung wie
bei seiner eigenen Mutter oder Schwester behaglich zu
Hause fühlte. Ihr ganzes Wesen erinnerte an die Worte des
schottischen Volksdichters Robert Burns: ›Woman, lovely
woman, heaven destined you to temper man‹ (Weib,
liebliches Weib, der Himmel bestimmte dich, den Mann zu
besänftigen). Sie war für die Sache der Arbeiterbewegung
voller Begeisterung und jeder, selbst der kleinste Erfolg im
Kampfe gegen die Bourgeoisie verursachte ihr die größte
Genugtuung und Freude.«[136]
   Es besteht kein Zweifel, die Genossen lieben sie sehr...

Der Mohr ist in die Ausarbeitung des »Kapital« vertieft,
wofür er insgesamt sechs Jahre brauchen wird, als er eine
seltsame Nachricht in einem Brief von Freiligrath erhält:
Lassalle ist bei einem Duell umgekommen. Man wird nicht
behaupten können, daß Marx in Tränen ausbrach, aber die
Sache hat ihm durchaus einen Schlag versetzt. Was war
geschehen? Es ist eine seltsame Geschichte. Lassalle hatte
sich in die Tochter eines bayerischen Diplomaten, Helene
von Dönniges, unsterblich verliebt. Für beide war es Liebe
auf den ersten Blick. Das Mädchen verschmäht seinetwe-
gen einen adligen jungen Mann aus der Walachei. Der
Vater des Mädchens macht ein Gezeter, weil er die politischen Aktivitäten Lassalles entsetzlich findet. Helene, die
zwischen beiden Männern hin- und herschwankt, zögert,
dann kehrt sie zum Walachen zurück. Daraufhin schreibt
Lassalle, am Boden zerstört, seinem Rivalen einen unver-

schämten Brief, in dem er ihm viel Mut mit Helene wünscht. Als Antwort schickt der Walache seine Sekundanten und fordert ihn zum Duell auf. Am 31. August 1864 stirbt in Genf, von einem Pistolenschuß getroffen, Ferdinand Lassalle, der glänzende Lassalle, der damals viel berühmter war als Marx.

Jenny redet eigentlich nicht so hart über Lassalle wie Marx. Aber für sie besteht kein Zweifel, daß er von Marx abgeschrieben hat. Vielleicht kann man in bezug auf Lassalle dem Urteil von Bismarck mehr Vertrauen schenken: »Er war einer der geistreichsten und liebenswürdigsten Menschen, mit denen ich je verkehrt habe, und ich habe die drei- oder viermal, die wir uns gesehen haben, nicht bereut. Er war ehrgeizig, im großen Stil – ein Mensch, mit dem zu sprechen sehr lehrreich war...«[137]

Als der erste Schock vorbei ist, äußert sich Marx auf eine für ihn recht typische Art und Weise in einem Brief an Engels: »Was seinen Todesvorwand angeht, so hast Du ganz recht. Es ist eine der vielen Taktlosigkeiten, die er in seinem Leben begangen hat.«[138] Der Gräfin Hatzfeldt hat er dennoch einen Beileidsbrief geschickt.

Engels reagiert auf den Tod Lassalles mit freundlicheren Worten: »Lassalle mag sonst gewesen sein [...], aber politisch war er sicher einer der bedeutendsten Kerle in Deutschland.«[139]

Nach dem Tod Lassalles ist das Amt des Vorsitzenden des »Allgemeinen Deutschen Arbeitervereins« unbesetzt.

Marx mißfällt es nicht, beim nächsten Kongreß für dieses Amt zu kandidieren. Aber die Kongreßteilnehmer stimmen für denjenigen, den Lassalle testamentarisch als seinen Nachfolger für dieses Amt bestimmt hat, Bernhard Becker, einen »unglücklichen Kerl«, nach Marx' Meinung.

Vier Wochen nach dem Tode Lassalles wird Marx die geistige Führung der I. Internationalen übernehmen. Er wird seine ganze Energie in diese Arbeit investieren, weil er überzeugt ist, daß die I. Internationale das Instrument der Weltrevolution schlechthin, die wirkungsvollste Organisation in Europa sei.

Marx ist damals ein relativ unbedeutender Journalist, ein Vertriebener, der zwar in Europa den Ruf hat, der Chef einer internationalen Konspiration zu sein, die sich zum Ziel gesetzt hat, alle Monarchien Europas abzuschaffen, in Großbritannien aber mehr oder weniger politisch untätig ist.

Er hält mit den Engländern, selbst unter Gewerkschaftern, sehr wenig Kontakt. Er sieht vor allem europäische Flüchtlinge, insbesondere deutsche und französische, mit denen er permanent in Streit steht. Es ist bekannt, daß er sich bei allen unbeliebt macht. In London führt er ein einsames Leben.

Die I. Internationale wird diese Situation verändern. Er wird von einem Franzosen, der in London lebt, eingeladen, als Vertreter der deutschen Arbeiter an einer Sitzung der Internationalen Arbeiter-Assoziation teilzunehmen. Marx hat die Einladung angenommen.

Nun befindet er sich also in der St. Martin's Hall, die mit allen möglichen Radikalen aus verschiedenen Ländern überfüllt ist. Sie haben sich nicht so sehr deshalb zusammengetan, weil sie die gleiche Ideologie vertreten, sondern der Grund ihres Zusammenschlusses beruht vielmehr darauf, daß sie alle gegen etwas sind und dies bei diesem Treffen vorbringen wollen. »Die Engländer waren gegen manche Privilegien, die Franzosen gegen den Bonapartismus, die Irländer gegen die Engländer, die Polen gegen Rußland, die Italiener gegen Österreich und die Deutschen gegen den Kapitalismus«, schreibt ein Historiker.

Marx ist einverstanden, Mitglied eines Unterausschusses zu werden, der Programm und Statut der zukünftigen Organisation ausarbeiten soll.

Der Unterausschuß trifft sich bei ihm in seinem Arbeitszimmer der Modena Villa im ersten Stock, das später dauernd von Besuchern belagert werden wird – und zwar acht Jahre lang. Manchmal bleiben sie auch zum Mittagessen da.

Dieses Arbeitszimmer ist ein schöner Raum mit zwei Fenstern zum Park hinaus. Bücher, Zeitungen und Papiere stapeln sich überall in einem großen Durcheinander auf Bücherregalen und zwei Tischen. An der Wand hängen Familienphotos und ein Bild von Engels. Der Tisch, an dem Marx schreibt, befindet sich mitten im Raum. Ein Ledersofa steht für den Empfang der Besucher da.

Interessant ist der Teppich. Marx ist in diesem Arbeitszimmer so oft mit Engels auf- und abgegangen, daß man seine Fußtapfen an den Stellen erkennen kann, wo der Teppich abgetreten ist; an den Stellen, wo er kehrtmachte, sind Löcher.

Der Raum ist immer verräuchert. Er läßt seine Pfeife oder seine Zigarre von allein ausgehen.

Dort also empfängt er diesen Unterausschuß, den er durch seine intellektuelle Autorität buchstäblich beherrscht. Er wird für die Ausarbeitung des Programms der I. Internationalen bestimmt, was in Form von einer »Inauguraladresse« geschehen soll. Bald wird er der Führer der Organisation werden, und er wird es über acht Jahre lang bleiben.

Er giert nicht nach Macht. Als er einmal in Schwierigkeiten gerät, schreibt er in einem Brief an Nanette: »Führerschaft ist niemals eine angenehme Sache, noch etwas, wonach ich Verlangen hätte. Ich denke immer an das, was Dein Vater [...] sagte, daß der Eseltreiber immer den Eseln verhaßt ist.«[140]

Aber er glaubt fest daran, daß die Internationale eine unvergleichbare Kriegsmaschine ist.

Zunächst redigiert er unter starken Schmerzen (er hat einen Furunkel am Penis und einen anderen an der Brust) seine »Inauguraladresse«, einen Text, der fast genauso berühmt wurde wie das »Manifest«. Bald kann er an Engels schreiben, im Grunde genommen sei er der Boß der Maschine. Das ist er zweifellos.

Das Dumme nur, daß die Arbeit am »Kapital«, die Jenny so viel Hoffnung macht, unterbrochen wird. Marx nimmt sie bald wieder auf, obwohl er stark beansprucht ist; Laura sammelt für ihn im British Museum das ganze Material, das er braucht, Jenny wechselt die Kompresse, die man regelmäßig auf seine Furunkel anlegen muß, aber die Zeit vergeht, und er ist immer noch nicht fertig.

Ein Besuch ihres Bruders Edgar, der aus Texas zurückkommt, unterbricht Jenny in ihrer Entzifferungsarbeit. Sie haben sich seit sechzehn Jahren nicht gesehen. Jenny liebt ihn von ganzem Herzen. Sie findet ihn verändert, krank und elend aussehend, sie erkennt ihn kaum.

Schließlich findet sie aber doch die vertrauten Gesichtszüge ihres Spielkameraden aus der Kindheit wieder, und sie schreibt an Frau Liebknecht:»Er hat 3 Jahre den Krieg in Texas mitgemacht und über alle Beschreibung gelitten, alles, alles verloren und die Gesundheit dazu. Er ist nun hier, um sich wieder ein bißchen zu erholen und dann nach

151

Berlin zu meinem Bruder und seinen anderen Verwandten zu gehen und dort sein Glück zu versuchen! Der arme Junge! Man weiß, was reiche, vornehme Verwandte sind, noch dazu wenn sie den Frommen angehören. In solchen Momenten fühlt man erst, was es heißt, selbst arm zu sein.«[141]

Doch Mitgefühl ist nicht gerade die Stärke von den Verwandten, die weder reich noch vornehm sind: Wenn Jenny und die Töchter reizend zu Edgar sind, hält Marx die Anwesenheit seines Freundes aus der Kindheit im Haus nicht aus. Es ärgert ihn, wenn er zusehen muß, wie Edgar dahinvegetiert, und er schreibt an Engels: »Edgar vegetiert. [...] Sogar die Weiber hat er sich abgewöhnt, und auch der Geschlechtstrieb ist ihm in den Bauch gefahren.«[142]

Der arme Edgar bleibt sechs Monate in London, dann macht er sich auf den Weg nach Berlin, wo die reichen Verwandten, Jennys Prognosen zum Trotz, dem Überlebenden aus Texas einen großen Empfang bereiten.

Als Marx mit der Ausarbeitung des »Kapital«, über das Jenny und die drei Töchter wie über ein Neugeborenes wachen, endlich zum Ende kommt, sind die alten Mißstände wieder da. Verbraucht sind die Erbschaften, zu Ende die phantastischen Spekulationen. Jenny hat den Kontakt mit dem Pfandhaus und Marx die demütigen Bitten an Engels wiederaufgenommen.

Er schreibt ihm ganz frech: »Ich wohne allerdings zu teuer für meine Verhältnisse, und außerdem haben wir dies Jahr besser gelebt als sonst. Aber es ist das einzige Mittel, damit die Kinder [...] Beziehungen und Verhältnisse eingehn können, die ihnen eine Zukunft sichern können. Ich glaube, Du selbst wirst der Ansicht sein, daß, selbst bloß kaufmännisch betrachtet, eine reine Proletariereinrichtung hier unpassend wäre, die ganz gut ginge, wenn meine Frau und ich allein oder wenn die Mädchen Jungen wären.«[143]

Merkwürdige Überlegung. In Wirklichkeit hat er nie vorgehabt, einen »rein proletarischen« Haushalt zu führen, dieser Portweintrinker, Zigarrenraucher, Monokelträger, der es nicht verachten würde, seine Töchter mit Aristokraten zu verheiraten, wenn sich solche melden würden, und der sie ermutigt, wiederholt Empfänge zu geben.

Die beiden ältesten sind jetzt in einem Alter, in dem man langsam ans Heiraten denken kann. Jennychen und Laura sind besonders schön, brillant, gut erzogen, durch den Einfluß ihres Vaters sehr belesen und sprechen mehrere Sprachen. Beide sind sehr attraktiv und haben einen Mordserfolg bei den jungen Männern der Internationalen, die im Haus ein- und ausgehen.

Bei einem Fest, das zum einundzwanzigsten Geburtstag Jennychens gegeben wurde, wird der neunzehnjährigen Laura ein Heiratsantrag gemacht. Es handelt sich um einen anständigen und reichen jungen Mann, Charles Monning, den Bruder einer ihrer Freundinnen. Sie weist ihn ab. Von diesem Zeitpunkt an wird der abgewiesene junge Mann eine Anstecknadel mit einer Gemme als Krawattennadel tragen, in die ein Portrait von Laura eingearbeitet wurde. Jenny ist gerührt. Laura regt sich auf. Im Haus fliegen die Fetzen.

Politisch interessiert und sehr engagiert an der Seite ihres Vaters, den sie leidenschaftlich lieben, machen die Mädchen eine Auflehnungsphase gegen ihre Mutter durch. An und für sich normal in diesem Alter, und wir brauchen nicht näher darauf einzugehen. Aber genau das fehlte

Jenny noch, diese Reibereien mit ihren Töchtern in einer Zeit, wo sie sich mit Lieferanten und Gläubigern herumschlagen muß! Engels hat, zum Glück, sechzig Pfund geschickt, doch Jenny befindet sich wieder auf einem Leidensweg.

Endlich ist es soweit: Im April 1867 fährt Marx mit seinem Manuskript unter dem Arm und fünfunddreißig Pfund in der Tasche, die Engels geschickt hat, nach Hamburg zu seinem Verleger. Im Mai wird er neunundvierzig Jahre werden. Er läßt Jenny völlig mittellos zurück. Er selbst wird in dieser Zeit einige der besten Wochen seines Lebens erleben.

Sein Verleger, Meißner, hat mit der Herstellung des »Kapital« begonnen. Da Marx auf die Fahnen wartet, um Korrektur zu lesen, nutzt er die Zeit, um einen kleinen Abstecher nach Hannover zu machen, wo einer seiner Bewunderer wohnt, der Doktor Kugelmann, Gynäkologe und eifriger Kommunist. Die Kugelmanns erstarren vor Marx in Bewunderung. Dieser schreibt an Engels: »Er ennuyiert (langweilt) mich manchmal mit seinem Enthusiasmus...«[144] Aber sie tun alles für ihn, um ihm zu gefallen.

Sie haben eine kleine neunjährige Tochter, die sich in Marx verliebt, wie alle Kinder übrigens. Die Beziehung, die Marx zu Kindern hat, zu allen Kindern, ist seltsam: Er weiß, wie man mit ihnen spricht, mit ihnen spielt. Er liebt Kinder, was sie auch spüren.

Frau Kugelmann, Gertrud, die eigentlich mit einem haßerfüllten Revolutionär gerechnet hatte, ist verblüfft, einen »eleganten Kavalier« vor sich zu sehen, der Charme und Vornehmheit ausstrahlt.

Wir haben schon hervorgehoben, daß der Gesprächsstil von Marx glänzend war, weil er einen sprühenden Geist und eine umfassende Bildung besaß – die eines deutschen Akademikers von großer Tradition. Es macht ihm einen Riesenspaß, vor einem kleinen Kreis von Bewunderern, worunter sich eine Freundin von Gertrud, Frau Tenge, eine junge vierunddreißigjährige, attraktive und gebildete Dame befindet, eine Probe seines Könnens zu geben. Die junge Dame spielt ihm Klavier vor, sie singen im Duett und sprechen unentwegt miteinander.

Marx ist von ihr so sehr angetan, daß er Jennychen ein »Photogramm« von Frau Tenge schickt, das von einer Personenbeschreibung begleitet ist. Er sei überzeugt, schreibt er, daß sich Jennychen, wenn sie dieser Frau begegnen würde, mit ihr anfreunden würde.

Jennychen hütet sich davor, ihrer Mutter das Bild zu zeigen, denn es würde sie bestimmt sehr verletzen. Das junge Mädchen schätzt die Begeisterung seines Vaters nicht so sehr. Was Laura betrifft, fragt sie in einem Brief an ihren Vater, ob die Dame, die in seinen Briefen einen breiten Raum einnimmt, jung, geistreich, hübsch sei, und ob er mit ihr flirten würde.

Marx antwortet fröhlich: »Sie ist [...] eher interessant als hübsch, und sicherlich keine Gelehrte. Aber sie ist eine hervorragende Frau.«[145] Jenny wird nie davon erfahren.

Eine andere Befriedigung wird Marx von Bismarck beschert, der ihm einen Boten schickt: »Er wünscht mich und meine großen Talente im Interesse des deutschen Volkes zu verwerten«, schreibt Marx an Engels.[146] Er hat ein wachsames Auge, Bismarck! Marx lehnt sein Angebot zwar ab, aber seine guten Absichten haben ihn gerührt.

Was während dieses Aufenthaltes in Hannover an ein Wunder grenzt, ist die Tatsache, daß Marx, seitdem er in Deutschland ist, keine Furunkel mehr hat, kein einziges Mal Leberschmerzen bekommt, es ihm ausgezeichnet geht. Liegt es daran, daß er mehr Ruhe hat? Oder ist es der Abstand von den Sorgen in London? Oder die Befreiung vom »Kapital«? Wie dem auch sei, er fühlt sich pudelwohl.

An seinem neunundvierzigsten Geburtstag bekommt er die ersten Fahnen seines Buches. Bald wird er nach London fahren, wo er zwei Tage bleibt, um dann zu Engels nach Manchester weiterzuziehen.

Der Verkauf kommt langsam voran – trotz des ganzen Wirbels, den Engels, Jenny und Karl selbst um das Buch veranstalten. Sie sind sich ihrer Sache sicher, daß die Revolution vor der Tür steht, daß die Botschaft des »Kapital«, des Hauptwerkes, sich auf ganz Europa auswirken wird...

Um den Verkauf des »Kapital« zu fördern, greift Jenny zur Feder und schreibt Johann Philipp Becker, einem schweizerischen Freund, der bei der monatlich erscheinenden Genfer Zeitschrift »Der Vorbote« Redakteur ist. Jenny benutzt dabei überhaupt keine sentimentalen Argumente zugunsten ihres lieben Mannes. So sagt sie zum Beispiel: »...rathe ich Ihnen, sofern Sie sich nicht schon, wie ich, durch die dialektischen Spitzfindigkeiten der ersten Abschnitte durchgearbeitet haben, jene über ursprüngliche Accümülation des Kapitals und moderne Colonisationstheorie zuerst zu lesen. Ich bin überzeugt, daß Sie diesen Theil, wie ich selbst, mit größter Befriedigung aufnehmen werden. Natürlich hat Marx keine spezifischen Heilmittel ... parat [...] und ... es [war] keine Kleinigkeit, den erstaunten Philister durch statistische Thatsachen und dialektische Manöver auf die schwindelnde Höhe folgender Sätze zu bringen: ›Die Gewalt ist der Geburtshelfer jeder alten Gesellschaft [...] Sie ist selbst eine ökonomische Potenz... Manch' Kapital, das heute in den Vereinigten Staaten ohne Geburtsschein auftritt, ist gestern in England kapitalisirtes Kinderblut... Wenn das Geld mit natürlichen Blutflecken auf einer Backe zur Welt kommt, so das Kapital von Kopf bis Zeh' aus allen Poren blut- und schmutztriefend.‹ [...] Ich muß aufrichtig gestehen, daß mich dieser einfache Pathos der Sache ergriffen und daß mir die Geschichte klar wie Sonnenschein.«[147]

Man weiß nicht, ob Herr Becker »Das Kapital« jemals gelesen hat. Aber er hat den Brief von Jenny im Oktober 1867 veröffentlicht.

Die tausend Exemplare der ersten Auflage verkaufen sich schleppend. In fünf Jahren zeigt die deutsche Presse so gut wie kein Interesse. Die erste, russische Übersetzung wird dagegen mehr Erfolg haben.

Jetzt sind es Sorgen bürgerlicher Art, die die Marx' beschäftigen. Die neunzehnjährige Laura, unwiderstehlich mit ihren goldenen Locken, hat bei den jungen Männern viel Erfolg. Nun hat sie ihr Auge auf einen Franzosen, Paul Lafargue, geworfen und sich mit ihm verlobt. Er ist vierundzwanzig, hat einen dunklen Teint und krauses Haar, denn er ist Mischling. Der eine Großvater ist ein Franzose, der während der Revolution nach Kuba emigriert ist, der andere ein französischer Jude, seine Großmutter mütterlicherseits ist eine Indiofrau aus der Karibik... Marx wird ihn immer liebevoll »Négrillo« nennen.

Der junge Mann ist Medizinstudent, als er mit einem Empfehlungsschreiben für Marx aus Frankreich eintrifft.

Er ist von der Universität von Paris geflogen, weil er bei einem Studentenkongreß eine revolutionäre Rede gehalten hat. Nun ist er in London, um sein Studium fortzuführen. Er wird im Hause Marx' Dauergast werden.

Karl und Jenny sind überrascht, als sie erfahren, daß Lafargue sich letztlich nicht aus politischen Gründen für sie interessiert. Der junge Mann habe sich zwar zunächst von ihm angezogen gefühlt, schreibt Marx an Engels, aber bald hätte er sein Interesse für den alten Mann auf dessen Tochter übertragen.

Laura macht Paul zwar Versprechungen, gibt ihm aber nicht ihr Wort. Paul läßt nicht locker. Marx schreibt ihm einen Brief, den ein Pfaffe hätte schreiben können. Natürlich sind wir noch im 19. Jahrhundert, und damals war das Kapital eines jungen Mädchens nunmal seine Jungfräulichkeit – selbst wenn es in einer kulturell aufgeschlossenen Atmosphäre, einer Atmosphäre intellektueller Unabhängigkeit aufgewachsen war, wie es bei den Töchtern von Marx der Fall war.

Marx hat sich über die Stellung der Frau durchaus seine Gedanken gemacht. Er empfindet für sie Mitgefühl, insbesondere für die Frauen, die mißhandelt werden – und es sind im damaligen Großbritannien sehr viele. Es kommt manchmal vor, daß er eingreift, wenn er Zeuge von Gewalttätigkeiten ist, was ihm viel Ärger einbringt. Seiner Meinung nach haben die Frauen immer eine wesentliche Rolle bei sozialen Veränderungen gespielt, und er schreibt an seinen Freund, Doktor Kugelmann, einen Satz, der berühmt wurde: »Jeder, der etwas von der Geschichte weiß, weiß auch, daß große gesellschaftliche Umwälzungen ohne das weibliche Ferment unmöglich sind. Der gesellschaftliche Fortschritt läßt sich exakt messen an der gesellschaftlichen Stellung des schönen Geschlechts (die Häßlichen eingeschlossen)«[148]!

In seinem Privatleben vertraut er den Frauen, er zieht Jenny bei allen Fragen zu Rate, beteiligt sie an seiner Arbeit, bittet um ihr politisches Urteil, auch um das Lenchens, das er sehr treffend findet. Für einen Mann aus der damaligen Zeit ist das schon nicht wenig.

Aber wenn es darum geht, seine Tochter zu verheiraten, gelten plötzlich die alten Konventionen wieder. Nachdem er sich mit Jenny abgesprochen hat, schreibt er Paul Lafargue auf französisch folgendes: »Wenn Sie Ihre Beziehungen zu meiner Tochter fortsetzen wollen, werden Sie Ihre Art ›den Hof zu machen‹ aufgeben müssen. Sie wissen gut, daß noch kein Eheversprechen besteht, daß alles noch in der Schwebe ist. [...]

Die Gewohnheiten eines allzu vertrauten Umgangs sind umso mehr fehl am Platze, als beide Liebenden während einer notwendigerweise verlängerten Periode strenger Prüfung und Läuterung am selben Ort wohnen werden.«[149]

Die Marx' wissen, wovon sie reden!

Der Mohr gibt seinem zukünftigen Schwiegersohn Ratschläge über das Verhalten in der Liebe: Feinfühligkeit, Anstand, Schüchternheit sind angesagt, und noch deutlicher sagt er:

»Wenn Sie sich auf Ihr kreolisches Temperament berufen, so habe ich die Pflicht, mit meinem gesunden Menschenverstand zwischen Ihr Temperament und meine Tochter zu treten. Falls Sie Ihre Liebe zu ihr nicht in der Form zu äußern vermögen, wie es dem Londoner Breitengrad entspricht, werden Sie sich damit abfinden müssen, sie aus der Entfernung zu lieben...«[150]

Dann geht er auf die finanziellen Fragen ein, spricht

dabei ganz offen über seine eigene Situation und bittet um zusätzliche Informationen über Pauls Familie, die in Bordeaux wohnt. Schließlich sagt er den tragischen Satz: »Sie wissen, daß ich mein ganzes Vermögen dem revolutionären Kampf geopfert habe. Ich bedaure es nicht. Im Gegenteil. Wenn ich mein Leben noch einmal beginnen müßte, ich täte dasselbe. Nur würde ich nicht heiraten. Soweit es in meiner Macht steht, will ich meine Tochter vor den Klippen bewahren, an denen das Leben ihrer Mutter zerschellt ist.«[151]

Das ist nicht der einzige Beweis, den wir haben, daß Marx, der in vielerlei Hinsicht ein Grobian ist, doch immer ein klares Bewußtsein davon hatte, welche schwere Prüfungen Jenny durchmachen mußte. Ist er nicht in der Lage gewesen, sie davor zu bewahren, so nimmt er doch die ganze Verantwortung auf sich, er, der Ehemann, der Mann, der das Schicksal dieser jungen Aristokratin an sein Leben gekettet hat. Er weiß es, er sagt es, er schreibt es. Er liebt seine Frau, auch wenn sie manchmal so schwierig geworden ist. Und die »Klippen«, vor denen er Laura schützen will, haben einen klaren Namen: Geldmangel.

Also schreibt er auch an den Vater Paul Lafargues – ebenfalls auf französisch –, um ihn um Auskünfte über die finanzielle Situation seines Sohnes zu bitten. Bald ist er beruhigt. Herr Lafargue Senior betreibt einen prosperierenden Weinhandel. Sein Sohn wird als Hochzeitsgeschenk hunderttausend Francs bekommen... Die Marx' sorgen weiterhin für den »physischen« Abstand zwischen Laura und dem jungen Mann, weiterhin zwingen sie diesem gute englische Manieren auf, bis er aufbegehrt. Jenny muß schließlich zugeben, daß sie von seinem guten Charakter, seiner Güte, seiner Großzügigkeit und seiner

Hingabe gegenüber Laura beeindruckt ist. Während Karl seinen »Négrillo« als »verwöhntes Kind« bezeichnet...

Das Datum für die Hochzeit wird verschoben, weil Marx nicht über genügend Mittel verfügt, um die Kosten des Standesamtes zu bezahlen. Engels wird dafür aufkommen. Es wird keine kirchliche Heirat geben, da diese in Großbritannien nicht Pflicht ist wie in Preußen.

Endlich, am 2. April, ist es so weit: Marx, mit einem Gehrock gekleidet und mit Kompressen bepflastert wegen seines Karbunkels, und Engels, der extra von Manchester angereist gekommen ist, werden die Zeugen bei der Heirat von Laura und Paul Lafargue sein. Dieser hat sein Medizinstudium gerade abgeschlossen. Zum ersten Mal wird eine Tochter von Marx das Haus verlassen. Durch ihre Abreise entsteht eine große, melancholische Leere, die dadurch verstärkt wird, daß die Lafargues nach Paris wegziehen, weil Paul dort eine Praxis in der rue du Cherche-Midi eröffnen will.

10

»FADAISE«, »SCHEISSE«, »L'IDÉALISME RUSSE«...[152]

Wenn Sie mit Jenny, die bald vierundfünfzig wird und schon so viel hat ertragen müssen, ein wenig Sympathie haben, wird es Ihnen sicherlich gefallen – dessen bin ich sicher –, zu erfahren, daß ihre ewigen Geldschwierigkeiten bald ein Ende nehmen werden. Dieses Problem ist jetzt ad acta gelegt, vollständig aus der Welt geschafft.

Und das kam so:

Engels hat seinen Vater verloren. Seine Erbschaft beträgt zehntausend Pfund, die er klug anlegt. Dann hat er seinen Geschäftspartnern seine Beteiligung an der Firma »Ermen and Engels« verkauft und damit zusätzliches, beträchtliches Kapital herausgeholt. Eines Tages fragt er Marx: »Sage mir die genaue Höhe Deiner Schulden und rechne aus, wieviel Geld Du im Monat zum Leben brauchst.«

Der Mohr hat mit Jenny alles zusammengerechnet und Engels seine Antwort gegeben.

»Gut«, sagte Engels, »ich bezahle alle Deine Schulden und ab Januar wirst Du jährlich dreihundertfünfzig Pfund bekommen, die Dir vierteljährlich ausgezahlt werden.«

Es war nicht leicht, Marx in Erstaunen zu versetzen, aber in dem Fall ist er wie vom Donner gerührt. Natürlich ist er unendlich dankbar. Ab der zweiten Zahlung drückte er aber wieder auf die Klingel: »Meine Frau hatte eine

163

Schuld von fünfundsiebzig Pfund vergessen. Du weißt ja, wie die Frauen so sind, sie brauchen Wächter...« Ein Widerling!

Engels gibt ihm die Summe, rügt ihn jedoch hart: »Die Vereinbarung, die ich mit Dir getroffen habe, duldet keine Extravaganz.«

Marx schreibt sich das hinter die Ohren. Bis auf einige zusätzliche Bitten für dieses oder jenes, was er noch braucht, hält er sich im großen und ganzen daran. Die regelmäßigen Einkünfte haben die Marx' für immer von ihren alten Alpträumen befreit.

Es besteht kein Zweifel, daß Jenny erleichtert war, als Engels mit seinem Angebot kam, da die Erbschaften aller Art schon längst aufgebraucht waren. Auf der anderen Seite fühlt sie sich gedemütigt. Sie hat der Frau des englischen Sozialisten Henry Hyndman im Vertrauen ihr Herz ausgeschüttet, und über diesen Mann ist uns eines der seltenen Urteile, die Jenny jemals über Engels gefällt hat, erhalten geblieben: Um die Dinge klar auszudrücken, sagte er, sei Marx, was das Geld betraf, der Schuldner von Engels gewesen, und dieser Gedanke war Frau Marx unerträglich. Nicht daß sie die Tatsache nicht anerkannt hätte, daß Engels ihrem Mann viele Gefallen tat, sondern sie bedauerte den Einfluß, den er auf ihn gehabt hätte. Mehrere Male hätte sie ihn in Gesprächen mit seiner Frau als »bösen Geist von Marx« bezeichnet und sich gewünscht, daß ihr Mann sich von dem Einfluß dieses tüchtigen und treuen, aber unsympathischen Helfers befreien würde.

Dreihundertfünfzig Pfund im Jahr! Was muß man nicht alles tun, um jemandem sympathisch zu sein! Aber man kennt ja das alte Lied: nehmen ist angenehmer als geben.

Engels und Jenny sind zwei überempfindliche Eifersüchtige, die immer darunter gelitten haben, den Mohr miteinander teilen zu müssen, selbst wenn jeder seinen eigenen Einflußbereich hatte. Aber im Laufe der Jahre regeln sich die Dinge von selbst. Von seinen Verpflichtungen in Manchester befreit, bittet Engels Jenny darum, für ihn ein Haus in ihrer Nähe in London zu suchen. Jenny kümmert sich mit Jennychen darum und geht dabei systematisch vor. Die beiden Frauen klappern alle schicken Viertel ab und finden mit Regent Park 122 ein wunderschönes, zweistöckiges Häuschen mit Garten. Von nun an sehen sich Engels und Marx täglich, was so bleiben wird bis zu dem Tod von Marx fünfzehn Jahre später.

Jeden Tag kommt Engels um zwölf Uhr vorbei, wenn der Mohr aufsteht. Sie gehen oft zusammen spazieren. Am Nachmittag ist Engels wieder da.

Leider hören die biographischen Notizen von Jenny vor dieser Zeit auf. Sie wurden plötzlich unterbrochen, und man weiß nicht genau, ob die Fortsetzung vernichtet worden ist. Es bleibt also verborgen, wie Jenny diese physische Annäherung von Engels erlebt hat. Es scheint, daß sie damit zurechtgekommen ist, denn sie hat sich mit der neuen Freundin von Engels, Lizzy Burns, der Schwester der vorigen Lebensgefährtin, die mit Engels zusammenlebt, angefreundet. Eine Konkubine! Sie hat Fortschritte gemacht, die Jenny!

Wie ihre Schwester ist Lizzy eine ehemalige Arbeiterin. Man weiß von ihr sehr wenig. Es scheint, daß sie auf eine ganz natürliche Art und Weise im Leben Engels Mary ersetzt und sich ihm, genauso wie ihre Schwester, aufgeopfert hat. Sie war für ihn Dienerin und Liebhaberin zugleich. Lizzy wird dafür die Dankbarkeit von Engels erfahren und... am Tag vor seinem Tod offiziell Frau Engels werden. Verheiratet zu sein oder nicht machte damals sehr viel aus, und sicherlich hätte diese Frau anders gelebt, wäre sie verheiratet gewesen. Lizzy war wahrscheinlich weder vulgär noch dumm, sonst hätte sich Jenny mit ihr nicht spontan angefreundet. Beide Frauen verreisten zusammen. Jenny lud sie ins Theater ein... Zweifellos haben sie sich gegenseitig geholfen.

Die Freundschaft mit Engels ist intimer denn je. »Wir sehen den General jeden Tag und verbringen zusammen sehr fröhliche Abende. Vor ein paar Abenden fand eine große patriotische Veranstaltung in unserm Haus statt. Unter anderen Darbietungen haben Mohr und ›Staff‹ ›Die Wacht am Rhein‹ zum besten gegeben – nach der Melodie von ›Krambalbuli‹...«, schreibt Jenny an Kugelmann.[153] Man kann sich gut vorstellen, wie sie beide den Clown spielten...

Bei den Marx' kann man manchmal schon verzweifelt sein, aber griesgrämig ist man nie.

Und die Revolution?

Am Ende jenes Jahres 1868 glauben der Mohr und der General mehr denn je daran. Marx ist jedoch mit unerwarteten Schwierigkeiten innerhalb der I. Internationalen konfrontiert, die jetzt schon ins vierte Jahr ihres Bestehens eintritt. Im Mittelpunkt seiner Schwierigkeiten steht Bakunin, der unbeugsame Gigant.

Wir haben schon vorher erwähnt, daß beide Männer, die von der gleichen revolutionären Wut besessen sind, kein Vertrauen zueinander hatten. Der eine kann die Deutschen, der andere die Russen nicht ausstehen. In vier Jahren hat sich Marx' Mißtrauen zu einer Paranoia entwikkelt. Er haßt Bakunin. Aber ihr Antagonismus geht über eine bloße Antipathie hinaus, er beruht auf einer grundlegend anderen Einschätzung der Lage. Der Russe, ein Feind aller Arten von Tyrannei, beteuert lauthals, daß er den Idealismus wiedereinführen will, der der I. Internationalen fehlt. Er wettert gegen das Prinzip der Diktatur des Proletariats. Er erklärt, daß Gleichheit ohne Freiheit Despotismus des Staates bedeute und stiftet damit bei seinen Zuhörern große Verwirrung, denn er ist ein exzellenter Redner. Marx antwortet: »Fadaise (Abgeschmacktheit)... diese Scheiße... Die Gesellschaft soll ... den mangelnden »Idealismus« unserer Gesellschaft ersetzen. L'idéalisme Russe! (Der russische Idealismus!).«[154]

Das Wort »Russe« ist in Marx' Mund das schlimmste Schimpfwort, das es gibt. Die »Russen« sind ein minderwertiges Volk für ihn. Er befürchtet, daß Horden von Russen über die Grenzen strömen, um die westlichen Kulturen zu zerstören und alle Errungenschaften der arbeitenden Klassen zu vernichten.

In den Machenschaften Bakunins wittert er Gefahr. Die Internationale könnte sich seinem – Marx' – Einfluß entziehen, wenn sie anfangen würde, dem Russen zu folgen.

Der französisch-preußische Krieg wird die Situation noch verschärfen. Marx und die Internationale erleben eine furchtbare Enttäuschung: die deutsche Einheit, wofür sie auf den Barrikaden von 1848 gekämpft hatten, wird jetzt von dem »preußischen Krautjunker« von Bismarck verwirklicht! Und was machen die deutschen Arbeiter? Sie klatschen Beifall! Und vergessen dabei vollkommen ihre Forderung nach der Verwirklichung der Republik! Und nach Sedan jubeln sie mit einer tobenden patriotischen Begeisterung!

Der Generalrat der Internationalen versammelt sich Tag und Nacht bei den Marx' oder bei Engels, um die zerrissenen Fäden wieder anzuknüpfen und in einem Aufruf, der unter allen Mitgliedern dann verbreitet wurde, den deutschen Arbeitern eindringlich klarzumachen, daß sie ihre Waffen gegen ihre Ausbeuter richten sollen.

Als im März 1871 das Volk von Paris Barrikaden errichtet, um seine Kanonen zu verteidigen, und die Kommune ausruft, spricht sich Marx zunächst gegen den Pariser Aufstand aus. Aber dann unterstützt er ihn, wohlbewußt allerdings, daß diese Bewegung zum Scheitern verurteilt ist.

Man beschuldigt ihn, der heimliche Anstifter der Pariser Kommune zu sein, was in keinster Weise stimmt. Er bewundert die heldenhafte Tat der Pariser, aber er durchschaut sehr früh die Irrtümer der Kommune, die er in einem Brief an Liebknecht aufzählt.

Die Versailler sind schon in die Hauptstadt eingedrungen, als er der Internationalen vorschlägt, ein Manifest an das Pariser Volk zu richten. Der Text wird vor dem Generalrat in London am 30. Mai 1871 vorgetragen, zwei Tage nach der blutigen Woche, als Tausende von Parisern massakriert worden sind. Dieses Manifest, »Der Bürgerkrieg in Frankreich«, im Feuer der Ereignisse entstanden, ist das letzte große Werk, das Marx zu seinen Lebzeiten veröffentlicht hat.

Er ist dreiundfünfzig Jahre alt. Die Kommune – die seiner Meinung nach noch größere Revolutionen im Westen nach sich ziehen wird – hat ihn aufgebaut. Am 18. Juni 1871 schreibt er an seinen Freund, Dr. Kugelmann: »...ich habe die Ehre, at this moment the best calumniated and the most menaced man of London zu sein. Das tut einem wahrhaft wohl nach der langweiligen zwanzigjährigen Sumpfidylle.«[155]

Was Jenny betrifft, ist sie durch den Tod eines dreiunddreißigjährigen Franzosen, Gustave Flourens, der in den letzten Tagen der Pariser Kommune gefallen ist, schmerzlich berührt. Wenn ein einziger Mann in ihrem Leben sie bewegt hat – abgesehen vom Teufel, ihrem Mann –, dann dieser strahlende, schwungvolle junge Mann, leidenschaftlicher Republikaner, der auf Grund seiner Feindschaft zu Napoleon dem III. Frankreich verlassen hat, obwohl er am Collège de France »Professor für Naturgeschichte der chemischen Verbindungen« war. Da vom Minister Victor Duruy ein Unterrichtsverbot gegen ihn erlassen wurde – auf Grund des Inhalts seines Unterrichtes, der für subversiv, weil gegen Napoleon III. gerichtet, gehalten wurde –, hält er sich an entfernten Orten auf, wo man die Freiheit hat, als »Ehrenmann« zu leben. Er wird in Belgien, in der Türkei, in Griechenland und in Italien in einige Abenteuer verwickelt sein. Auch in London, wo er sein spezielles Fach unterrichtet. Dort hat er die Marx' kennengelernt. Er ist ein eifriger Zuhörer bei den Sitzungen der I. Internationalen und wird, wie alle Flüchtlinge, in Modena Villas immer herzlich empfangen. Vielleicht wurde er sogar noch herzlicher empfangen als alle anderen, denn Jenny war für seine Ausstrahlung besonders empfänglich.

Als sie von seinem Tod erfährt, greift sie zur Feder, um einen Artikel zu schreiben, den der »Volksstaat« veröffentlicht:

»Vor Allem hat uns der Tod von Gustave Flourens aufs Tiefste erschüttert. Wir waren persönlich mit ihm befreundet [...] Flourens... war eine durch und durch edle Seele. Kühn bis zur Verwegenheit, ritterlich, human, mitleidig, weich bis zur Schwäche (nichts Menschliches war ihm fremd), war sein Geist reichgebildet, war er selbst gelehrt und ein Vertreter moderner Wissenschaft; jung, reich und mit feinen, gefälligen Manieren begabt, wendete sich seine warme impulsive Natur den Armen, Unterdrückten, Enterbten zu, nicht blos den Kämpfenden und Ringenden im eigenen Lande, nein, sein großes Herz schlug für jede Nation, jede Race, jeden Stamm. [...] Er war das rothe Gespenst der Bourgeoisie, das sie in ihm verkörpert sah und daher mit rasender Wut verfolgte...«[156] »Ich fürchte sehr, die kommunistische Bewegung, der erste Silberblick in der Dunkelheit, ist verloren.«[157]

Marx' Ruf verbreitet sich jetzt über die Grenzen hinaus – was manchmal auf einem Mißverständnis beruht, denn man schiebt ihm die Pariser Kommune in die Schuhe. Die Internationale frißt sein Leben förmlich auf, er kümmert sich um die Flüchtlinge, die haufenweise nach London kommen, ist also immer aktiv wie Jenny auch. Diese kümmert sich jetzt um die gesamte Post der Internationale, um ihren überarbeiteten Mann zu entlasten. Diese Zeit, schreibt Engels später, sei die wichtigste Episode im Leben von Marx. Sie war übrigens auch nicht unwesentlich im Leben Jennys.

Der Mohr weiß, daß er einen Kongreß der Internationale einberufen sollte, aber er befürchtet, daß Bakunin und seine Anhänger stärker sein werden als er. Unter dem Vorwand einer »zugespitzten internationalen Lage«, weicht er geschickt dem Kongreß aus und ersetzt ihn durch eine »private« Konferenz, die in London abgehalten wird. Er hofft, daß er von den zweiundzwanzig anwesenden Delegierten (unter ihnen sind drei Franzosen, sechs Belgier, ein Spanier, ein Schweizer und ein Russe) ein klares Votum für die Verurteilung Bakunins bekommen wird.

Der Spanier, Anselmo Lorenzo, Schriftsetzer, hat einen Bericht über seine Begegnung mit den Marx' in London hinterlassen. Eine Droschke setzt ihn vor dem Haus von Marx' ab, Marx steht in der Tür, umarmt ihn und gibt ihm einen Kuß auf die Stirn. Es ist spät. Frau Marx ist nicht zu Hause (sie ist in Ramsgate mit Lizzy Burns). Die beiden Mädchen, Jennychen und Tussy, sind schon im Bett. Marx persönlich serviert ihm einen »appetitlichen Imbiß« mit viel »Charme« und »Liebenswürdigkeit«. Die beiden Männer diskutieren lange miteinander und der junge Setzer, der Autodidakt ist, fühlt sich von Marx' starker Persönlichkeit erdrückt, umso mehr, als dieser fließend Spanisch spricht. Am nächsten Tag lernt Lorenzo die Mädchen kennen. Jennychen beeindruckt ihn sehr durch ihre Schönheit und ihr Verständnis für die spanische Sprache. Sie bittet ihn, ihr Texte von Calderon und Auszüge aus dem »Don Quichotte« vorzulesen, weil sie einfach »Lust« dazu hat, ein »gut ausgesprochenes Spanisch« zu hören... Was für eine Familie!

Lorenzo seinerseits ist angesichts der bevorstehenden Londoner Konferenz und der politischen Machenschaften von Marx betrübt. Diese werden übrigens fruchtlos bleiben: das Statut der Internationale sieht die Einberufung eines Kongresses einmal im Jahr während der ersten Septemberwoche vor. Er wird also im Jahre 1872 das Ding mit der privaten Konferenz nicht wieder drehen können. Datum und Ort des Kongresses sind bereits festgelegt: er wird in Den Haag ab dem 1. September stattfinden. Dort besteht die Gefahr, daß Bakunin erreicht, was er will.

Die ganze Familie Marx nimmt an dem Kongreß teil: Jenny natürlich, Jennychen, Laura und ihr Mann, Paul Lafargue, der den Verband von Madrid repräsentiert und schließlich Charles Longuet, der Verlobte Jennychens. Der Mohr, Jenny und Jennychen sind in einem Privatquartier untergekommen.

Bevor wir auf den Kongreß eingehen, möchten wir ein paar Sätze zu den Mädchen sagen. Schließlich sind sie für Marx ebenso wichtig wie die Revolution. Er hat sie alle drei leidenschaftlich geliebt, für ihre Bildung gesorgt und auch sehr verwöhnt. Die Beziehung von Jenny zu ihren Töchtern ist dagegen komplizierter. Sie liebt sie abgöttisch, was durchaus auf Gegenseitigkeit beruht. Aber die Mädchen schwärmen so sehr für ihren Vater, daß sie nicht aushalten können, daß Jenny für den Mohr so wichtig ist und auf ihn solch einen großen Einfluß hat. Sie sind schlicht und ergreifend eifersüchtig! Das liegt in der Familie.

Jennychen sagte eines Tages zu einer Freundin, »jemand« würde leider den Mohr in die »Agitation« (der Internationale) treiben. Man könnte »sie« dafür hassen! Diese Sätze drücken sehr gut aus, wie die Marx' emotional miteinander umgehen.

Und wie steht es, zum Zeitpunkt des Kongresses von Den Haag, mit den Töchtern von Marx?

Laura hat sehr früh einen kleinen Sohn bekommen. Jenny stürzt nach Paris, um ihren ersten Enkel kennenzulernen. Der Aufenthalt dort ist sehr schön. Ihr Schwiegersohn hat sie in die Opéra-Comique eingeladen, um den Tenorino Popaul in »Vert-vert« zu hören. Ganz begeistert kehrt sie nach Hause zurück. Als er Jennys Bericht hört, kann sich der Mohr nicht mehr zurückhalten. Aufenthaltsverbot in Frankreich? Was soll's! Er weiß sich zu helfen und fährt unter einem falschen Namen nach Paris. Er findet das Baby »zauberhaft«. Trotz der Ratschläge ihrer Mutter, die übrigens weiß, wovon sie spricht, wird Laura sehr schnell noch zwei Kinder bekommen. Aber hört man eigentlich auf seine Mutter? Die drei kleinen Lafargue-Kinder werden in jungem Alter sterben und Laura erträgt den Gedanken nicht mehr, noch einmal Kinder zu bekommen. Verzweifelt, daß er das jüngste Kind nicht hat retten können, verzichtet Paul Lafargue auf die Medizin, um sich ganz der Politik zu widmen. Die Lafargues haben Paris verlassen, sie sind nach Bordeaux und in andere Städte umgezogen.

Jennychen hat trotz der Beschwörungen ihres Vaters eine Arbeit als Gouvernante in London angenommen. Auch sie wird einen Franzosen heiraten, was Jenny nicht gerade begeistert. Sie sind alle unbeständig und untreu, die Töchter von Marx! Charles Longuet ist über einunddreißig Jahre. Er war der Herausgeber der Zeitung der Kommune, »Journal officiel«. Nach London geflüchtet, ist er Mitglied des Generalrats der Internationale geworden.

Er besucht oft die Marx', die er mit seinen kulinarischen Talenten zu beeindrucken versucht. Was nicht unbedingt von Erfolg gekrönt ist. Schließlich schafft er es, Jenny doch noch weich zu stimmen. Jennys Urteil über ihn lautet: »Er ist ein sehr begabter, mutiger und anständiger Junge.« Er hält sich mit Französischunterricht über Wasser. Wovon wird das junge Paar eigentlich leben? Jenny hat Angst, daß ihr Jennychen den schmerzhaften Weg einschlägt, den sie selbst durchgegangen ist... Jennychen und Charles suchen beide verzweifelt nach einer Stelle als Lehrkräfte.

Zu dem Zeitpunkt des Kongresses von Den Haag hat die dritte, sechzehnjährige Tochter, Eleanor, noch nicht allzuviel Kummer bereitet. Aber es wird nicht lange dauern, bis sie mit ihren Schwestern in dieser Hinsicht gleichzieht.

Wir werden hier von den ganzen Manövern und internen Kämpfen nicht detailliert berichten, die den Kongreß von Den Haag erschüttern, auf den alle Augen in Europa gerichtet sind. Sechsundsechzig Delegierte sind anwesend, eingepfercht in einem Tanzsaal, dem berühmt-berüchtigten Concordia-Saal. Es wird auf Grund der Mandate sehr schnell klar, daß Marx' Mehrheit schwach ist und Bakunins Minderheit so sehr an Boden gewonnen hat, daß eine Spaltung unvermeidbar zu sein scheint. Bakunin selbst ist beim Kongreß nicht anwesend.

Es beginnt mit einem Knalleffekt: Engels bringt schriftlich den Vorschlag ein, den Sitz der Internationale für das Jahr 1872–1873 nach New York zu verlegen. Der Text ist von Marx, Longuet und acht anderen Mitgliedern des Generalrats unterschrieben worden. Was bedeutet das konkret? Das bedeutet, daß Marx die Internationale lieber freiwillig aufgibt, als daß er sie seinen Feinden überläßt. Sie nach New York zu verlegen, bedeutet, ihr Todesurteil zu unterschreiben.

Der Franzose Edouard Vaillant hebt hervor, daß New York ihm viel zu weit erscheint, zu weit weg von dem »Schauplatz der Ereignisse, die in den Ländern stattfinden, wo die Internationale verboten und auch am stärksten ist, nämlich in Österreich, Ungarn, Frankreich und Deutschland.« Aber man hört nicht auf ihn. Die Verlegung wird mit knapper Mehrheit angenommen.

Das war am 6. September 1872. Es ist zwei Uhr nachmittags. In einer drückenden Hitze verfolgen Jenny und ihre beiden Töchter die Diskussionen. Über Jenny schreibt die Tochter Kugelmanns: »Eine schlanke, fast jugendliche Erscheinung ist dem Parteileben dort mit leidenschaftlichem Interesse gefolgt, scheinbar ganz darin aufgegangen.«

Die I. Internationale hatte sich soeben umgebracht, ohne es zu merken.[158] Die nächste Aufgabe war, Bakunin auszuschließen. Der Ausschluß wurde durch eine Wahl beschlossen. Er wurde keineswegs als Häretiker, sondern als angeblicher Betrüger verurteilt – eine Verleumdung, die von Marx propagiert wurde und die später zur traditionellen Praxis kommunistischer Politik werden wird. Am 9. September geht Bakunin ab, alles ist vorbei.

Der nächste Kongreß der Internationale, der im kommenden Jahr 1873 in Genf stattfindet, endet mit einem totalen Fiasko. Es ist der letzte Kongreß der Internationale, an dem Marx teilnimmt. Der Grund für den Mißerfolg sind nicht nur die internen Streitigkeiten, sondern vielmehr, daß die Arbeiter sich einfach nicht entschließen konnten, die Revolution zu machen! Was sollten die professionellen Revolutionäre also tun?

Bakunin beschloß, sich vom politischen Leben zurückzuziehen. Er schrieb ein Buch »Staatlichkeit und Anarchie«, tausend Exemplare davon werden nach Rußland eingeschmuggelt. Er stirbt 1876. Marx kann sich ein Exemplar von diesem Buch beschaffen. Er verschlingt es – inzwischen hat er Russisch gelernt –, und kommentiert jede Seite mit seinen Notizen. Auf diese Weise führt er sein Streitgespräch mit Bakunin auf dem Papier. Den Liebhabern dieser Art von Literatur ist der spannende Dialog zu empfehlen.

Die Marx' blieben bis zum 17. September in Den Haag. Man weiß durch den Bericht eines holländischen Polizisten, daß sie zum Strand von Den Haag nach Scheveningen fuhren, daß sie im Grand Hotel essen gingen und im Konzert waren. Dann fuhren sie nach London zurück.

Dort leidet der Mohr, dem die Internationale fehlt, wieder unter allen körperlichen Schmerzen, die ihn seit eh und je geplagt haben. Aber jetzt kommen noch kräftezehrende Schlafstörungen hinzu. Was immer geschehen möge, sagt er, die Bourgeoisie, solange sie am Leben ist, werde sich an seine Furunkel erinnern. Er korrigiert die neue deutsche sowie die französische Ausgabe des ersten Bandes des »Kapital« und versucht, den zweiten Band zu schreiben. Er plaudert viel mit Engels.

Die Familie lebt wieder ganz eng zusammen, was den Mohr und Jenny sehr glücklich macht. Jennychen hat Charles Longuet geheiratet; aber sie wissen nicht, wo sie ohne einen Penny in der Tasche wohnen können. Also wohnt man bei Papa und Mama, die sich sehr darüber freuen. Jennychen und ihr Vater haben zueinander eine solch intensive Beziehung, daß die beiden regelrecht leiden, sobald sie sich trennen müssen.

Später werden die Longuets doch noch Arbeit finden. Sie unterrichtet Deutsch in der »Clement Dane School« und er Französisch im »King's College«. Mit den Nachhilfestunden, die sie noch zusätzlich geben, kommen sie gerade mit dem Geld aus. Sie ziehen in eine kleine Wohnung ein, in der sie einen Haufen Kinder bekommen werden.

Das dunkelhaarige Jennychen reproduziert schlicht und ergreifend dasselbe Schema wie ihre Mutter, auch sie wird das gleiche Unglück erleben: zwei von ihren sechs Kindern werden sterben.

Laura und Paul Lafargue sind nach den Ereignissen der Kommune nach London geflüchtet, wo sie zehn Jahre leben werden. Auch sie ziehen bei den Eltern ein. Und »Vater Marx«, wie Engels sagt, ist entzückt.

Lafargue versucht sein Glück in der photomechanischen Druckformherstellung und baut Luftschlösser, die er nie realisieren wird. Er arbeitet »wie ein Neger«, sagt Jenny, aber seine Natur ist so geartet, daß für ihn der »Himmel immer voller Geigen« ist. Sie bedauert, daß er die Medizin aufgegeben hat. Aber er ist immer gutgelaunt, charmant – und in der ganzen Familie herrscht ein warmer, herzlicher Umgang.

Doch ist ein kleiner Stachel dabei, der dem Mohr im Herzen wehtut: Tussy hat sich verliebt. Und wer ist der Auserwählte? Ein Franzose!

Der Franzose ist Prosper-Olivier Lissagaray, heute bekannt als Autor der berühmten »Geschichte der Kommune von 1871«. Damals war er ein mutiger Journalist – ihm wurde bei einem Duell die Brust durchbohrt –, der während der Pariser Kommune politisch sehr aktiv war. Ihm gelang zu flüchten, obwohl die Versailler bereits in Paris eingedrungen waren. Er besitzt irgendeinen Adelstitel, auf den er aber verzichtet hat. Auf Grund seiner revolutionären Überzeugung hat er mit seiner Familie gebrochen. Er ist vierunddreißig Jahre alt.

Das ist also der Franzose, in den sich Tussy verknallt oder besser gesagt, verliebt hat. Diese Liebe wird lange dauern und ihr zum Verhängnis werden.

Marx kann Lissagaray nicht ausstehen. Aber im Grunde genommen kann er nicht ertragen, daß seine letzte Tochter Tussy, die ihm sehr ähnlich ist – so sehr, daß er sagt: »Tussy, das bin ich...« –, sich seinem Einfluß entzieht.

Seine unnachgiebige Feindschaft gegenüber Lissagaray ist umso auffallender, als er die Intelligenz dieses Mannes über die Maßen schätzt – so unterstützt er ihn in seiner Arbeit über die »Geschichte der Kommune«, die Tussy ins Englische übersetzen wird. Außerdem sind seine anderen Schwiegersöhne schließlich nicht so berühmt... Aber seine Ablehnung ist entschieden. Er geht sogar soweit, daß er Tussy verbietet, Lissagaray zu sehen.

Jenny ist weniger stur. Dieser Franzose ist wahrscheinlich nicht besser als die anderen, er ist doppelt so alt wie Tussy, aber sie sieht, daß ihre Tochter ihn heiß und innig liebt.

Tussy befindet sich in Brighton, wo sie in einer Privatschule unterrichtet. Jenny, die sich um sie Sorgen macht, kommt sie besuchen. Und wen trifft sie? Lissagaray. Auch er ist in Brighton, wo er sich mit Tussy öffentlich sehen läßt. Sie befürchtet, daß der Mohr, wenn er es erfährt, ein großes Spektakel veranstaltet, und hält Tussy deswegen eine Moralpredigt. Das Mädchen soll wieder nach Hause kommen und abwarten, bis sein Vater sich erweichen läßt. Was Jenny betrifft, ist sie bereit, die offizielle Verlobung mit Lissagaray anzuerkennen und sagt es auch ihrer Tochter.

Tussy läßt sich von Jennys Argumenten überzeugen. Die Wochen vergehen, und sie schreibt ihrem Vater:

»Mein liebster Mohr, Ich möchte Dich jetzt um etwas bitten, aber zuerst mußt Du mir versprechen, darüber nicht böse zu werden. Ich möchte wissen, lieber Mohr, wann ich L. wieder sehen darf. Es ist so sehr schwer, ihn nie zu sehen. Ich habe ernsthaft versucht, geduldig zu sein, aber es ist so schwer, und ich fühle, ich kann es nicht länger aushalten. [...] Aber könnte ich nicht ab und zu mit ihm spazierengehen? Du hast mir erlaubt, mit Outin und mit

Frankel auszugehen. Warum nicht mit ihm? Niemand wird sich wundern, uns zusammen zu sehen, da alle wissen, daß wir verlobt sind... Als ich so sehr krank in Brighton war (in einer Woche bin ich zwei- oder dreimal täglich ohnmächtig geworden), kam L. mich besuchen und jedesmal fühlte ich mich stärker und glücklicher. Die schwere Arbeitslast, die damals auf meinen Schultern lag, konnte ich leichter ertragen...«[159]

Schließlich erlaubt der Mohr Tussy, Lissagaray zu empfangen. Im August 1874 schreibt er dem Doktor Kugelmann: »Ich bin in dieser Hinsicht weniger stoisch als in andren Dingen, und die Familienqualen setzen mir stets hart zu.«[160]

Er ist nicht so sehr mitgenommen, daß er gewillt wäre, seine Augen zu öffnen. Nach wie vor ist er gegen eine Heirat mit Lissagaray eingestellt.

Was zum Teufel hat dieser Lissagaray an sich, was so schlimm wäre? Nichts, was wir wüßten. Zwar hat er zu den Lafargues auf Grund von politischen und journalistischen Rivalitäten nicht das beste Verhältnis – einmal haben sich die Lafargues sogar geweigert, ihm die Hand zu geben –, aber ist es Grund genug, um ihn zu ächten?

Tussy wird sich von der sturen Brutalität ihres Vaters nicht kleinkriegen lassen. Aber zwischen ihrem Vater und ihrem Geliebten hin- und hergerissen, verliert sie ihren Schlaf, ihren Appetit, nervöse Ticks zerstören sie, eine Depression nimmt ihr jegliche Kraft... Es sind »hysterische Ausbrüche«, kommentiert Marx.

Lissagaray kehrt nach Paris zurück, von dort aus schickt er Tussy zärtliche Liebesbriefe, die er an »meine kleine Frau« adressiert. Sie liebt ihn immerzu und sagt es ihm ständig.

Dieses verzweifelte Liebesverhältnis wird zehn Jahre dauern.

Die neurotische Beziehung, die Marx zu seinen Töchtern hat, macht Jenny traurig, aber sie fühlt sich machtlos dagegen.

11

»ICH HABE KEINE KRAFT MEHR...«

In diesem Zeitabschnitt ihres Lebens scheinen sich die Marx' etwas voneinander entfernt zu haben. Die Gründe dafür liegen auf der Hand.

Was sie sehr stark miteinander verband, die revolutionäre Tätigkeit des Mohr, seine Bücher, die wie Babys zu Hause behütet wurden, existiert quasi nicht mehr. Marx arbeitet nicht wirklich am Band II des »Kapital«, der übrigens zu seinen Lebzeiten nicht mehr erscheinen wird. Er schreibt nicht mehr, dafür liest er viel, zwanghaft, schreibt Notizen auf, die sich endlos ansammeln, ansonsten plaudert er mit Engels. Er hat die britische Staatsangehörigkeit beantragt. Man gibt sie ihm nicht, weil seine Person eine Gefahr darstelle. Was in Wirklichkeit nicht mehr zutrifft. Denn er ist nur noch ein friedlicher Privatier mit einer kranken Leber, ein kindischer Großvater, ein übermächtiger Vater. Großbritannien kann ruhig schlafen.

Jenny hat ihrerseits mit Lizzy Burns den Charme der weiblichen Freundschaften entdeckt. Diese haben mit den Spannungen, die die Männer verursachen, nichts gemeinsam. Man kann sich jetzt gehen lassen, sich anvertrauen.

Sie hat außerdem an ihre alte Theaterleidenschaft wieder angeknüpft. Ein shakespearischer Schauspieler, Henry Irving, inspiriert sie, einen Text zu schreiben, der von der

»Frankfurter Zeitung« am 21. November 1875 veröffentlicht wird. Das ist der erste Artikel einer ganzen Serie, die sie über verschiedene Themen in bezug auf das Theater schreiben wird, so z. B. zur Theatersaison in London, über shakespearische Studien in England oder zu einer Vorstellung von Richard III. Alles geschieht so, als ob sie nach so vielen Jahren freiwilliger Unterwerfung unter »die Sache« jetzt wieder tief einatmen kann, von einem Druck befreit und für andere Interessen wieder offen.

Im Jahre 1875 ziehen die beiden deutschen sozialistischen Parteien – die Lassalleaner und die »Eisenacher« –, die beabsichtigen, sich zusammenzuschließen, den Mohr zu Rate. Sie wollen sich auf einer Konferenz in Gotha treffen.

Marx liest ihr Programm und kritisiert es scharf, Punkt für Punkt. Die Arbeit ist unter dem Namen »Kritik des Gothaer Programms« bekannt.

Es handelt sich um einen wichtigen, radikalen, schroffen Text: Der Staat soll die Form der Diktatur des Proletariats annehmen und das Zivilleben vollkommen beherrschen. Alles andere sei nur »drelin-drelin démocratique.«[161]

Er beendet seine Kritik mit folgendem Zitat: »Dixi et salvavi animam meam« (»Ich habe gesprochen und meine Seele gerettet.«) Er geht wohl ein bißchen weit. Aber man kann ihm zugute halten, daß er nicht im voraus geahnt hat, was seine Empfehlungen hervorbringen würden. Sein Genie ist nunmal nicht grenzenlos.

Für den Augenblick beachten die Sozialisten von Gotha seine Kritik nicht und verwirklichen ihren Zusammenschluß auf der Grundlage ihres Programms. Woraus die Sozialistische Arbeiterpartei Deutschlands (SAP) entstanden ist.

Seine Gesundheit ist auch nicht mehr die beste. Der Mohr und Jenny gehen regelmäßig zur Kur. Aber nicht unbedingt immer zusammen. Als der Mohr die Tradition der Kur in Karlsbad einführt, was zu einem Ritual werden wird, nimmt er Tussy mit.

Wenn Jenny zur Isle of Wight, nach Brighton oder Lausanne fährt, begleitet sie Lizzy. Oder sie nimmt Lenchen mit, zum Beispiel nach Neuenahr.

Während einem der traditionellen Kuraufenthalte in Karlsbad, bei dem ihn die um ihre Hochzeit inständig bittende Tussy begleitet, schreibt Marx Jennychen über Wagner, dessen »Nibelungen« in Bayreuth aufgeführt werden sollen: »Überall wird man mit der Frage gequält: Was denken Sie von Wagner? Höchst charakteristisch für diesen neudeutsch-preußischen Reichsmusikanten: Er nebst Gattin (der von Bülow sich getrennt habenden), nebst Hahnrei Bülow, nebst ihrem gemeinschaftlichem Schwiegervater Liszt hausen in Bayreuth alle vier einträchtig zusammen, herzen, küssen und adorieren sich und lassen sich's wohl sein. Bedenkt man nun außerdem, daß Liszt römischer Mönch und Madame Wagner (Cosima mit Vornamen) seine von Madame d'Agoult gewonnene ›natürliche‹ Tochter ist – so kann man kaum einen besseren Operntext für Offenbach ersinnen als diese Familiengruppe mit ihren patriarchalischen Beziehungen. Es ließen sich die Begebenheiten dieser Gruppe – wie die Nibelungen – auch in einer Tetralogie darstellen.«[162]

Man merkt, daß er den viktorianischen Sinn für Anstandsregeln nicht verloren hat. Ebensowenig den Sinn für die Familie.

In London sehen die Marx' ihre beiden Töchter Jennychen und Laura praktisch jeden Tag und sind vernarrt in ihren zweiten Enkel Johny, der in der Familie Longuet auf die Welt kam. In dem Park von Maitland Road hockt der kleine Junge auf Marx' Schultern und schreit in zwei Sprachen: »Hü, Hott, plus vite!« Und Marx gehorcht, schweißgebadet, aber außer sich vor Entzücken.

So werden sie sehr traurig sein, als die Amnestie für die Anhänger der Pariser Kommune 1880 in Frankreich erlassen wird. Denn es bedeutet, daß sie jetzt oder später ihre beiden ältesten Töchter, deren Ehemänner bestimmt nach Frankreich zurückkehren wollen, sowie ihren lieben Johny, der wie ein kleiner Murillo aussieht, verlieren werden.

Was auch tatsächlich eintreten wird. Bald sind die beiden wieder allein, alt und einsam in dem leeren Haus, das zwar kleiner ist, seitdem sie umgezogen sind, das ihnen aber ohne die Kinderstimmen so groß erscheint...

Jenny fühlt sich schlecht, sehr schlecht. Sie schreibt, in dem Zustand, in dem sie sich befinde, würde es sie beängstigen, nach Paris zu fahren... Früher hätte sie ganz schnell ihre Sachen zusammengepackt und wäre hinter ihren Enkeln hergerannt. Jetzt könnte die Maschine nicht mehr in Gang gesetzt werden...

Sie hat ständig Schmerzen, und nachdem der Mohr alle möglichen Ärzte konsultiert hat, wird ihm zur Gewißheit: Jenny hat wahrscheinlich Leberkrebs.

Seitdem kümmert er sich um sie wie um ein kleines Kind; er wird ärgerlich, wenn ein Besuch zu lange bleibt und Jenny zu sehr strapaziert. Sie überlegen zusammen und finden, daß das Leben weit weg von der Familie zu traurig ist, daß sie einen Tapetenwechsel brauchen und beschließen, nach Paris zu fahren. Vielleicht kein weiser Entschluß? Aber

Vernunft war doch noch nie ihre Stärke. Brauchen sie nicht viel Geld dafür? Engels, bitte schön! Dieser kommt ihrem Wunsch natürlich sofort nach. Und sie fahren ab, in Begleitung von Lenchen. Das Reisen mit dem Schiff, mit dem Zug... ist für eine kranke Frau ziemlich anstrengend. Der Mohr hat Jennychen Geld geschickt, damit sie sich Betten kaufen kann. Die junge Frau ist sehr aufgeregt angesichts des Besuches ihrer Eltern, ihres geliebten Mohr. Sie hat einen dritten Jungen bekommen, der der Liebling von Jenny ist, während der Mohr sich an Johny berauscht.

Die Longuets wohnen in Argenteuil, zehn Kilometer von Paris entfernt. Nach dieser langen und anstrengenden Reise kommen sie am Gare Saint-Lazare um acht Uhr abends an und müssen noch eine Droschke nehmen... Charles Longuet wartet auf dem Bahnhof auf seine Schwiegereltern. Sofort beruhigt er sie: Ein Freund, ein einflußreicher Politiker, habe ihm gesagt, daß Marx absolut nichts von seiten der französischen Politik zu befürchten hat. Der Freund, um den es hier geht, ist Georges Clémenceau. In Argenteuil hat Jennychen Schwierigkeiten mit ihrem Hauspersonal und zwei Dienstmädchen verloren, aber was soll's... Man ist überglücklich, sich wiederzusehen!

Am nächsten Tag kommt ein Arzt vorbei, um Jenny zu untersuchen. Um ihre Schmerzen zu lindern, verschreibt er ihr Opiumtabletten, die der Arzt ihr in London nie gegeben hätte. Und sie kann ein wenig aufatmen...

An einem schönen, sonnigen Tag im Juni machen die beiden in einer Droschke mit zurückgeklapptem Verdeck eine Spazierfahrt nach Paris. Jenny ist im siebten Himmel...

Aber kaum sind sie zurück, erfahren sie, daß Tussy schwer krank ist. Der Mohr eilt nach London. Der

Familienarzt, Dr. Donkin, kann keine organische Störung bei der jungen Frau feststellen. Sie verweigert das Essen und steckt in einer tiefen Depression. Sie traut sich nicht einmal mehr, den Namen Lissagaray auszusprechen.

Lenchen kümmert sich um die Rückreise Jennys nach London, für die es sehr schmerzhaft ist, sich von Argenteuil loszureißen. Denn sie weiß, daß sie weder ihre Tochter noch ihre Enkelkinder jemals wiedersehen wird, sie spürt es ganz stark.

Der Mohr hat dafür gesorgt, daß die Rückkehr Jennys in der ersten Klasse und etappenweise geschieht, damit sie sich möglichst schont. Als sie zurückkommt, legt sie sich gleich ins Bett, in ihrem großen Zimmer. Der Mohr schläft in einem kleinen Zimmer nebenan. Bald leidet er unter einer Bronchitis, die in eine Brustfellentzündung ausartet. Tussy und Lenchen passen Tag und Nacht auf die beiden auf.

Jenny kann nicht mehr aufstehen. Und er ist so schwach, daß er nicht auf die Füße kommt. Mühsam versucht er, aufzustehen, um sie zu sehen, bricht aber gleich wieder zusammen.

Drei Wochen lang bleibt er ans Bett gefesselt und ihm kommt der Gedanke an den Tod in den Sinn, dieser »höllischen Welt den Rücken zu kehren«, wie er schreiben wird. Sie wartet auf ihn, erschöpft, ihren letzten Atem anhaltend.

Einmal schafft er es, aufzustehen und sich in Jennys Zimmer zu schleppen. Er setzt sich neben sie auf das Bett. Sie hat noch die Kraft zu lachen, sie sind fröhlich miteinander und scherzen. Tussy findet, daß sie eher wie ein junges verliebtes Paar aussehen, als wie ein von Krankheit geplagter alter Mann und eine sterbende Frau, die voneinander

Abschied nehmen. Plötzlich sagt sie, merkwürdigerweise auf englisch: »Karl, my strength is broken...« – »Ich habe keine Kraft mehr.« Und sanft stirbt sie.

»Ihre Augen«, schreibt später der Mohr, waren »voller, schöner, leuchtender als je!«[163]

Engels ist, wie gewöhnlich, sofort zur Stelle. Er sagt nur den Satz: »Jetzt ist auch der Mohr gestorben.«[164] Tussy, die dieser Satz ärgert, gibt ihm eine freche Antwort. Aber Engels hatte offenkundig recht.

Das alles geschieht im Dezember 1881. Jenny war siebenundsechzig. Karl ist erst dreiundsechzig, aber auch er ist jetzt am Ende.

Am Tag der Beerdigung verbietet ihm Doktor Donkin, aufzustehen. Eine Handvoll Leute werden Jennys Sarg bis zum Friedhof von Highgate begleiten. Engels hält die Grabrede. »Eine Frau mit edlem Herz... Sie besaß solch eine klare und kritische Intelligenz, solch ein zuverlässiges politisches Feingefühl, solch eine leidenschaftliche Energie, solch eine Aufopferungsgabe. Wir werden immer ihre mutigen und vorsichtigen Ratschläge vermissen, mutig, aber ohne Prahlerei, vorsichtig, aber ohne die Würde aufzuopfern...«[165]

Diejenige, die er hier ehrt, war die politisch aktive Frau. Menschlich haben sie sich nie gemocht. Sie waren viel zu sehr befangen durch ihr jeweiliges leidenschaftliches Verhältnis zu dem Mohr. Aber sie hat ihn ertragen und er hat sie respektiert.

Besser als die Töchter, die ihre Mutter zu sehr beneidet haben um die Rolle, die sie für Marx gespielt hat, weiß Engels, der nun schon seit fast vierzig Jahren eng mit den Marx' befreundet ist, daß der Mohr ohne seine Frau bald sterben wird.

Der Arzt hat ihm, damit er seine schmerzenden Knochen wärmt, viel Sonne empfohlen. Also fährt er nach Algier. Von dort aus schreibt er Engels: »Übrigens, Du weißt, daß wenige Menschen demonstrativem Pathos mehr abgeneigt sind; es wäre jedoch eine Lüge, wollte ich [nicht] gestehen, daß mein Denken zum großen Teil beherrscht wird von Erinnerungen an meine Frau, diesen Teil der besten Jahre meines Lebens.«[166]

Er verläßt Algier in Richtung Monte Carlo und macht dann eine Kur in einer Schwefelquelle in Enghien. Danach verbringt er ein paar Tage in Argenteuil bei Jennychen, die mit ihrem Mann, ein Weiberheld und ziemlich faul, und ihren ewigen Haushaltsproblemen, mit denen sie nie fertig wird, immerzu unglücklich ist.

Er schleppt ganze Koffer voller Bücher mit sich herum, aus denen er mit einer mikroskopischen Schrift auf irgendwelche Hefte Auszüge herausschreibt. Seit zehn Jahren hat er nicht gearbeitet. Als er nach London zurückkehrt, ist er am Ende seiner Kräfte. Dort wird er den schlimmsten Schickssalschlag erleben, der ihn da, wo er am empfindlichsten ist, trifft: Jennychen, die heißgeliebte Tochter, stirbt im Alter von achtunddreißig Jahren an Gallenblasenkrebs. Das ist mehr, als der Mohr aushalten kann. Sein Leben geht zu Ende. Ein Lungentumor kommt zum Ausbruch. Eines Tages im März 1883 sitzt er gerade in seinem Sessel zu Hause, als er plötzlich eine innere Blutung bekommt, die nicht lange andauert. Er ist eine Weile besinnungslos... Lenchen, die sich um ihn »wie keine Mutter jemals um ihr Kind«, so Engels, kümmert, sieht, wie er einschläft. Engels kommt vorbei, er macht seinen täglichen Besuch. »Sie können nach oben gehen«, sagt Lenchen, »er schläft.« Engels tritt in das

Zimmer des Mohr ein. Er schläft tatsächlich, aber um nie wieder aufzuwachen.

Die Beerdigung von Jenny auf dem Friedhof zu Highgate war schon unauffällig. Karls Beerdigung ist nicht viel auffälliger. Nur ein paar Leute, ein Brief von den russischen Sozialisten, ein anderer von den deutschen Sozialisten, ein paar Wörter von Engels, der daran erinnert, daß Marx das wesentliche Gesetz, das den Lauf und die Entwicklung der menschlichen Geschichte bestimmt, entdeckt habe. Man kann nicht behaupten, daß der Tod von Marx die arbeitenden Massen erschüttert hätte. Sie hatten noch nicht sehr viel von ihm gehört...

Engels nahm, wie wir schon gesagt haben, Lenchen bei sich auf, die für ihn bald genauso wertvoll wird wie für die Marx'. Der angebliche Vater ihres Sohnes behandelt sie sanft und respektvoll. Man kann wohl sagen, das Mindeste, was er ihr schuldet! Frederick besucht sie einmal in der Woche. Er kommt immer durch die Küchentür herein; aber Lenchen sitzt jetzt mit am Tisch. Nach sieben Jahren stirbt sie. Die Frage stellt sich, wo sie denn begraben werden soll... Engels, Laura und Tussy sind zusammen übereingekommen, daß Lenchen mit Jenny und Karl begraben werden sollte. Sie diskutieren darüber, wie sie die Grabinschrift gestalten sollten. Schließlich entscheiden sie sich für folgende Inschrift auf dem Grabstein:

JENNY VON WESTPHALEN
This beloved wife of Karl Marx
Born 12th february 1814
Died 2nd december 1881

and KARL MARX
Born may 5th 1818
Died march 14th 1883

and HARRY LONGUET
Their grandson
Born july 4th 1878
Died march 20th 1882

and HELENA DEMUTH
Born january 1st 1823
Died november 4th 1890

Harry Longuet war eines der Kinder von Jennychen. Das Grab befindet sich in dem sogenannten Quadrat der Ausgestossenen. Marx ist – höchste Ironie des Schicksals! – von den Engländern privatisiert worden: man muß bezahlen, um ihn an seiner letzten Ruhestätte begrüßen zu dürfen.

12

DAS ERSTE UND WILLIGE OPFER

Was ist aus den anderen geworden? Friedrich Engels fühlt sich nach dem Tod Lenchens hilflos. Er schreibt an einen Freund, Sorge: »Mein gutes, liebes, treues Lenchen ist gestern nachmittag nach kurzer und meist schmerzloser Krankheit sanft eingeschlafen. Wir haben sieben glückliche Jahre hier im Hause zusammen verlebt. Wir waren die zwei letzten von der alten Garde von vor 1848. Jetzt steh' ich wieder allein da. Wenn während langer Jahre Marx, und in diesen sieben Jahren ich, Ruhe zum Arbeiten fand, so war das wesentlich ihr Werk. Wie es jetzt mit mir werden wird, weiß ich nicht. Ihren wunderbar taktvollen Rat in Parteisachen werde ich auch schmerzlich entbehren...«[167]

Aber ihm fällt Louise Kautsky ein. Sie ist eine junge, dreißigjährige Österreicherin, die sich gerade von ihrem Mann, dem leitenden Sozialdemokraten Karl Kautsky, hat scheiden lassen. Sie hat eine Ausbildung als Hebamme in Wien gemacht. Vier Tage nach der Beerdigung Lenchens schreibt ihr Engels, um ihr vorzuschlagen, als seine Sekretärin und Haushälterin zu arbeiten. Sie ist einverstanden. Man erzählt, daß sie von den führenden deutschen Sozialisten dazu ermutigt worden sei, die es gern sehen, daß jemand aus ihrer Partei sozusagen an der Quelle sitzt: denn Engels ist im Besitz der Manuskripte von Marx, er ist in gewisser Hinsicht die Referenzquelle aller Marxisten der ganzen Welt, der geistige Erbe Marx'. Louise Kautsky wird ihm bald unentbehrlich werden.

Als sie etwas später einen jungen Wiener Arzt heiratet, Ludwig Freyberger, der sich in London niederlassen will, ist Engels sehr hilfsbereit: Er nimmt Freyberger auf, der der Freund des Hauses wird, und geht sogar soweit, daß er auszieht, als Louise ein Kind bekommt, damit das Ehepaar mehr Platz hat.

Diese enge Beziehung von Engels zu Louise macht Tussy rasend. Man weiß, daß die jüngste Tochter von Marx, die in vieler Hinsicht sehr attraktiv ist, krankhaft eifersüchtig ist.

Sie kann Louise nicht ausstehen und setzt sich in den Kopf, daß Freyberger ein »Abenteurer« wäre, der sich bei Engels eingeschlichen hätte, um sich an die Erbschaft ihres Vaters heranzumachen. Sie schreibt ihrer Schwester Laura: »F. ist durchaus dazu fähig, sich alles (die Manuskripte von Marx) unter den Nagel zu reißen, um sie zu verkaufen...« Und sie zeichnet das Porträt eines halbverkalkten, einge-schüchterten, von dem Ehepaar Freyberger unterdrückten Engels, und fleht Laura an, einzugreifen.

In Wirklichkeit ist Engels absolut klar im Kopf, er fühlt sich durch Tussys Befürchtungen verletzt, die völlig unhaltbar sind, da er klare testamentarische Vorkehrungen getroffen hat: Sämtliche Manuskripte – mit Ausnahme des Briefwechsels zwischen Marx und ihm – sollen nach seinem Tode Tussy ausgehändigt werden.

Kurz danach erfährt er, daß er Kehlkopfkrebs hat. Er schreibt den beiden Töchtern von Marx (»My dear girls«), um Ihnen mitzuteilen, daß er jeder von ihnen ein Achtel seines Vermögens testamentarisch hinterlassen wird. Der Mann machte alles mit Eleganz und hatte, im Gegensatz zu

Marx, einen Humor, den er bis zu seinen letzten Stunden behalten wird.

Er ist bettlägerig, seinem Ende nahe, als er die Nörgeleien von Tussy hört, die ihm vorwirft, Frederick Demuth vernachlässigt zu haben. So geschieht, wie wir bereits erwähnt haben, daß er vor Tussys Augen auf eine Tafel schreibt – er kann nicht mehr sprechen –, was er schon dem Rechtsanwalt Sam Moore anvertraut hatte: »Frederick ist der Sohn von Marx.« Und als er sieht, wie Tussy in Tränen ausbricht und sich in die Arme von Louise fallen läßt, sagt er: »Sie möchte aus ihrem Vater ein Idol machen. Das ist er bestimmt nicht.«

Das stimmt, er ist es wirklich nicht!

Der Brief, in dem Louise Freyberger August Bebel (er ist einer der Vermächtnisnehmer der Korrespondenz von Marx und Engels) die ganze Szene erzählt, ist in den schwarzen Archiven des Marxismus über sechzig Jahre vergraben gewesen. Er ist im Institut für soziale Geschichte in Amsterdam von einem Mitarbeiter dieser Institution, Walter Blumenberg, ausgegraben worden. Louise Freyberger behauptet, Engels hätte ihr sowie Sam Moore gesagt, daß er ihnen nur in dem Fall die Befugnis erteilen würde, diese Enthüllung über Fredericks Herkunft preiszugeben, wenn man ihm vorwerfen sollte, daß er Freddy schäbig behandelt hätte. Er wollte nur verhindern, daß seinem Namen Schande gemacht wird.

Friedrich Engels ist einen Tag nach dieser Enthüllung im Alter von fünfundsiebzig Jahren gestorben. Er wurde, wie er es gewünscht hatte, eingeäschert und seine Asche im Beisein von acht Personen vor der Küste von Eastbourne – einem eleganten Badeort in Sussex, wo er sich gern aufhielt – verstreut.

Frederick Demuth war oft Gast im Hause Engels nach dem Tod seiner Mutter. Er wurde immer freundlich empfangen und befreundete sich mit Louise, die übrigens das Geheimnis seiner Geburt immer geahnt hatte. Er sah nämlich Marx erstaunlich ähnlich.

»Freddy« befand sich unter den Freunden, die bei Engels das Ergebnis der Parlamentswahl 1894 in Deutschland mit viel Bier gefeiert haben.

Diejenigen, die ihn gekannt haben, haben ihn als einen relativ kleinen Mann beschrieben, elegant, reserviert, am politischen und gewerkschaftlichen Leben interessiert, ohne selbst aktiv zu sein, selbstlos und hilfsbereit.

Die seltenen Briefe (an Tussy und an Laura), die man von ihm kennt, lassen eine mangelhafte Erziehung und Ausbildung erkennen. Er war, wie wir bereits erwähnt haben, Automechaniker. Er ist 1929 im Alter von achtundsiebzig Jahren gestorben und hat »meinem Neffen Harry Demuth, als mein Sohn bekannt« zweitausend Pfund hinterlassen. Niemand weiß, ob irgendwo auf der Welt ein Nachkomme Frederick Demuths, d.h. Karl Marx', noch lebt.

Einige Worte jetzt zu den Lafargues. Überglücklich durch die posthume Großzügigkeit Engels, haben sie ein Haus mit fünfunddreißig Zimmern in Draveil gekauft, das in einem prächtigen Park liegt und wo sie, so weit man es weiß, glückliche Tage verleben. Lafargue wird der eifrige Importeur des Marxismus in Frankreich.

Im Jahre 1910 tauchen zwei ärmlich gekleidete Russen – ein Mann und eine Frau- bei den Lafargues auf, sie kommen mit dem Fahrrad. Sie werden sehr herzlich empfangen. Man spricht über Philosophie, geht in dem

Park spazieren und diskutiert über die Rolle der Frauen in der russischen revolutionären Bewegung. Später erzählt die Besucherin: »Ich war sehr aufgeregt... Schließlich hatte ich die Tochter von Marx vor mir. Ich schaute sie mir intensiv an und versuchte, die Gesichtszüge ihres Vaters auf ihrem Gesicht zu erkennen...«. Die Besucher waren Lenin und Nadeshda Krupskaja.

Ein Jahr danach findet der Gärtner die Lafargues tot auf ihrem Stuhl. Sie sind am Tag davor spät in der Nacht von Paris zurückgekommen und tragen noch ihre Festgarderobe. Paul Lafargue, ehemaliger Arzt, hat seiner Frau eine Dosis Zyankali gespritzt und anschließend Selbstmord begangen. Er hinterläßt einen Brief, in dem er erklärt, daß beide beschlossen haben, ihrem Leben ein Ende zu setzen, bevor sie das Alter von siebzig Jahren erreichen. Paul war neunundsechzig, Laura sechsundsechzig, sie sind dreiundvierzig Jahre verheiratet gewesen. Ihre finanziellen Vorräte sind aufgebraucht. Lenin hält die Grabrede für Paul.

Aber von allen Figuren dieser Marxschen Saga ist die Figur der Eleanor, Tussy genannt, am tragischsten. Intelligent, mit einem feurigen Temperament, begabt, attraktiv trotz ihrer großen Nase, hat sie berechtigte intellektuelle Ambitionen. Im Gegensatz zu Jennychen, die von ihren Hausfrauenpflichten, die sie verabscheut, sehr beansprucht ist, und zu Laura, die ein mondänes Leben führt, besitzt Tussy eine militante Seele. »Wir wissen seit der Kindheit, was die Aufopferung für das Proletariat bedeutet«, schreibt sie einmal an Laura, als sie ihr von ihren Aktivitäten erzählt.

Sie organisiert die erste Gewerkschaft für ungelernte Arbeiter, ist beim Volk sehr beliebt und hat mit ihren Reden viel Erfolg beim Publikum. Gleichzeitig träumt sie davon, Schauspielerin zu werden, sie nimmt Privatstunden, arbeitet die Rolle der Julia durch. Aber sie hat damit keinen Erfolg. Sie beginnt »Madame Bovary« ins Englische zu übersetzen, sie schreibt regelmäßig Artikel für sozialistische Zeitschriften (»Social Democrat«, »Justice«) – aber nicht darin liegt das Tragische bei dieser Figur, sondern in ihrem Privatleben.

Nachdem sie mit Lissagaray Schluß gemacht hat (kurz vor dem Tod ihres Vaters), hat sie sich in Edward Aveling verliebt. Er ist ein Schüler Darwins, ein Arzt, der seinen Beruf nicht ausübt, der Vorträge hält, viel Charme und viel Geist besitzt und außerdem ein Bewunderer von Marx ist. Die Schwierigkeit ist aber, daß er verheiratet ist. Er lebt zwar von seiner Frau getrennt, aber ist immer noch verheiratet. Allen Konventionen zum Trotz wird Tussy mit ihm zusammenleben, ganz stolz, und sich Eleanor Marx-Aveling nennen lassen. Als ihr Freund von der sozialistischen Partei der Vereinigten Staaten in New York eingeladen wird, begleitet ihn Tussy. Sie schreibt außerdem für dieselbe Zeitung wie er.

Einige Jahre leben sie zusammen, ein mittelloses Paar, das aber in den sozialistischen Kreisen hohes Ansehen genießt. Dann erbt Tussy von Engels. Aveling verliert jetzt den Kopf. Er fängt an, aus dieser unerhofften Goldgrube zu schöpfen. Es kommt noch schlimmer: Er heiratet heimlich unter seinem Schriftstellernamen eine junge, unbekannte Schauspielerin, Eve Frye. Tussy erfährt es durch einen anonymen Brief, während sie sich bei dem 8. Kongreß der Bergarbeiter aufhält, wo sie dolmetschen muß.

Obwohl Aveling in einer Doppelehe lebt, denkt er nicht daran, Tussy zu verlassen. Er beabsichtigt, weiterhin Geld von ihr zu erschwindeln. Sie läßt es sich nicht gefallen. Er erpreßt sie, indem er ihr androht, das Geheimnis der Geburt Frederick Demuths in der Öffentlichkeit bekannt zu machen. Sie gibt auf und zahlt ihm die hohe Geldsumme, die er von ihr verlangt.

Sie verbringen zusammen ein paar Tage bei den Lafargues in Draveil. Nach ihrer Rückkehr fängt Aveling mit seinen Erpressungen wieder an. Tussy ist ruiniert, am Boden zerstört. Das Bild ihres Vaters als Privatmann ist zusammengebrochen. Das Bild ihres Liebhabers ist trüb geworden.

Am 3. April 1898 wird Tussy tot aufgefunden, sie hat sich mit Cyanwasserstoffsäure vergiftet. Sie war zweiundvierzig Jahre, als sie Selbstmord beging. Nach einer nicht überprüfbaren Version der Geschichte sollte Aveling persönlich das Gift für sie bei einem Apotheker gekauft haben – unter dem Vorwand, sich eines Hundes entledigen zu wollen. Eines Hundes.

Eleanor Marx ist eingeäschert worden. Nach einigen Schwierigkeiten kam ihre Urne zu der Grabstätte der Familie.

Die vier Kinder von Jennychen Longuet, darunter der kleine Johny, der vom Mohr so geliebt wurde, haben für Nachkommenschaft der Marx' gesorgt. Sie selbst haben Kinder bekommen, die wiederum Kinder bekommen haben... Man behauptet, daß Jennys Schönheit bei einer ihrer Urenkelinnen wieder erschienen ist.

Aber die wirklichen Kinder von Marx sind natürlich woanders. Sie befinden sich unter den Millionen und Abermillionen von Männern und Frauen, die den Propheten des Himmels auf Erden verehrt haben, die geglaubt haben, in ihm keine Philosophie, sondern eine Wissenschaft zu finden, die ihnen die Gesetze liefert, wonach Armut und Leid aus der Welt geschafft werden würden.

Es werden noch Posters von Marx in China verkauft. Aber die Illusion ist gestorben, der Mythos auseinandergefallen, der wissenschaftliche Sozialismus bleibt der tragischste Betrug des Jahrhunderts.

Jenny von Westphalen, ein Mensch voller Liebe und Überzeugung, ist dessen erstes und freiwilliges Opfer gewesen.

Anmerkungen

1 Friedrich Engels, Die Lage der arbeitenden Klasse in England, Marx und Engels Werke, Berlin 1961, Bd. 2, S. 225 (im folgenden: MEW)

2 Brief des Paulus an die Galater 2, Vers 20, Lutherübersetzung

3 Heinrich Heine, Aufzeichnungen, in: Sämtliche Schriften in 12 Bänden, hrsg. v. Klaus Briegleb, Hanser Verlag München/Wien 1976, Bd. 11, S. 227

4 Karl Marx, MEW, Ergänzungsband, 1. Teil, S. 260

5 Moses Hess an Berthold Auerbach, 2. September 1841, in: Moses Hess, Briefwechsel, hrsg. v. Edmund Silbener, Mouton & Co 1959, S. 79f.

6 Heinrich Marx an Karl Marx, 16. September 1837, Marx Engels Gesamtausgabe, Berlin 1975, Bd. III, 1, S. 319 (im folgenden: MEGA)

7 Jenny von Westphalen an Karl Marx, MEGA III, 1, S. 338

8 Ebd., S. 337

9 Jenny von Westphalen an Karl Marx, 13. September 1841, MEGA III, 1, S. 366f.

10 Jenny von Westphalen an Karl Marx, Anfang März 1843, MEGA III, 1, S. 397f.

11 Jenny von Westphalen an Karl Marx, 10. August 1841, MEGA III, 1, S. 364

12 Ebd.

13 Jenny von Westphalen an Karl Marx 1839-40, MEGA III, 1, S. 338

14 Jenny von Westphalen an Karl Marx, Anfang März 1843, MEGA III, 1, S. 396

15 Karl Marx an Arnold Ruge, 25. Januar 1843, MEGA III, 1, S. 43

16 Karl Marx an Arnold Ruge, 13. März 1843, MEGA III, 1, S. 44f.

17 Jenny von Westphalen an Karl Marx, Anfang März 1843, MEGA
III, 1, S. 397
18 Friedrich Schiller, Gesammelte Werke
19 Karl Marx, Zur Kritik der Hegelschen Rechtsphilosophie, MEGA
I, 2, S. 170
20 Karl Marx, Einleitung zur Kritik der Hegelschen Rechtsphilosophie, MEGA I, 2, S. 171
21 Ebd. Der Ausdruck ist wahrscheinlich dem Dichter Heinrich
Heine entlehnt worden, der in bezug auf die Religion folgendes
schrieb: »Für Menschen, denen die Erde nichts mehr bietet, ward
der Himmel erfunden... Heil dieser Erfindung! Heil einer Religion, die dem leidenden Menschengeschlecht in den bitteren Kelch
einige süße, einschläfernde Tropfen goß, geistiges Opium, einige
Tropfen Liebe, Hoffnung und Glaube.« (Heinrich Heine, op. cit.,
Bd. II, S. 103)
22 Karl Marx, Deutsch-Französische Jahrbücher, MEW, Bd. 1, S. 346
23 Das Elend der Philosophie. Antwort auf Proudhons Philosophie
des Elends, MEW, Bd. 4, S. 60ff.
24 Jenny von Westphalen an Karl Marx, 21. Juni 1844, MEGA III, 1,
S. 429
25 Ebd., S. 430
26 Ebd.
27 Ebd., S. 429
28 Ebd., S. 429f.
29 Jenny Marx an Karl Marx, 10. August 1844, MEGA I, 2, S. 501
30 Ebd.
31 Friedrich Engels, Umrisse zu einer Kritik der Nationalökonomie,
Februar 1844, MEW, Bd. 1, S. 499
32 Friedrich Engels an Karl Marx, 20. Januar 1845, MEGA III, 1, S. 260
33 Ferdinand Freiligrath, in: Freiligraths Werke, 2. Teil, hrsg. v.
Julius Schwering, Deutsches Verlagshaus Barg & Co, S. 13
34 Ferdinand Freiligrath, Vorwort zum »Glaubensbekenntnis«, Mai
1844, in: Freiligraths Werke, op. cit., S. 10
35 Die »Deutsche Ideologie« wurde, wie Engels es einmal formu-
lierte, der »nagenden Kritik der Mäuse« überlassen (Vorwort zur
Kritik der politischen Ökonomie 1859, MEW, Bd. 13, S. 10), bis
das Manuskript 50 Jahre später vom Moskauer Lenin-Engels
Institut ausgegraben wurde.

36 Jenny Marx an Karl Marx, 24. August 1845, MEGA III, 1, S. 479
37 Friedrich Engels an Karl Marx, 9. März 1847, MEGA III, 2, S. 87 f.
38 Karl Marx an Joseph Weydemeyer, um den 16. Mai 1846, MEGA III, 2, S. 10
39 Karl Marx an Annenkov, 9. Dezember 1847, MEGA III, 2, S. 125
40 Vgl. Kommunistisches Manifest, MEW, Bd. 4, S. 481 f.
41 Deutsche Brüsseler Zeitung vom 6. Januar 1848
42 Mohr und General, Erinnerungen an Marx und Engels, Dietz Verlag Berlin 1964, S. 209 (im folgenden: Mohr und General)
43 Karl Marx an Friedrich Engels, November 1848, MEW, Bd. 27, S. 129
44 Karl Marx, Die Klassenkämpfe in Frankreich 1848–1850, MEW, Bd. 7, S. 79
45 Ferdinand Freiligrath, Abschiedswort der Neuen Rheinischen Zeitung vom 9. Mai 1849, in: Ferdinand Freiligrath, Auswahl seiner Gedichte, hrsg. v. Erich Kittel, Wagener 1960, S. 125
46 Karl Marx, Neue Rheinische Zeitung Nr. 301 vom 19. Mai 1849, MEW, Bd. 6, S. 505
47 Friedrich Engels, Neue Rheinische Zeitung, MEW, Bd. 6, S. 515
48 Karl Marx an Friedrich Engels, 7. Juni 1849, MEGA III, 3, S. 25
49 Karl Marx an Weydemeyer, 13. Juli 1849, MEGA III, 3, S. 27
50 Karl Marx an Weydemeyer, zweite Hälfte August 1849, MEGA III, 3, S. 39
51 Karl Marx an Freiligrath, 31. Juli 1849, MEGA III, 3, S. 34
52 Karl Marx an Friedrich Engels, 23. August 1849, MEGA III, 3, S. 44
53 Jenny Marx, Mohr und General, S. 211
54 Ebd.
55 Jenny Marx an Weydemeyer, 20. Mai 1850, MEW, Bd. 27, S. 208 f.
56 Charles Dickens. Aus der französischen Übersetzung. Vgl. F. Giroud, La femme du diable, Laffont 1992, S. 116
57 Gustav Meyer, Neue Beiträge zur Biographie von Karl Marx, in: Archiv für die Geschichte des Sozialismus und der Arbeiterbewegung, 10. Jahrgang, 1. Heft, Leipzig 1921, S. 57 f.
58 Ebd., S. 58
59 Karl Marx an Friedrich Engels, 2. April 1851, MEW, Bd. 27, S. 229
60 Jenny Marx an Weydemeyer, 20. Mai 1850, MEGA III, 3, S. 733
61 Ebd., S. 733 f.

62 Ebd., S. 621

63 Jenny Marx, Mohr und General, S. 215

64 Jenny Marx an Karl Marx, August 1850, MEGA III, 3, S. 621

65 Ebd.

66 Ebd., S. 622

67 Karl Marx an Friedrich Engels, 23. November 1850, MEGA III, 3, S. 92

68 Karl Marx an Friedrich Engels, 30. Juli 1851, MEW, Bd. 27, S. 293, »Die Industrie soll produktiver sein als die Ehe«.

69 Jenny Marx, Mohr und General, S. 216

70 Ebd., S. 215

71 Karl Marx an Friedrich Engels, 31. März 1851, MEGA III, 4, S. 84

72 Karl Marx an Friedrich Engels, 2. April 1851, MEGA III, 4, S. 85

73 Friedrich Engels an Karl Marx, 15. April 1851, MEGA III, 4, S. 96

74 Vgl. Fußnote 70

75 Karl Marx an Weydemeyer, 2. August 1851, MEGA III, 4, S. 162

76 Jenny Marx, Mohr und General, S. 217

77 Ebd., S. 216f.

78 Karl Marx an Friedrich Engels, 24. April 1852, MEW, Bd. 28, S. 54

79 Jenny Marx, Mohr und General, S. 218

80 Jenny Marx an Karl Marx um den 19. Juni 1852, MEGA III, 5, S. 411f.

81 Karl Marx an Jenny Marx, 11. Juni 1852, MEGA III, 5, S. 131

82 Jenny Marx an Friedrich Engels, 24. Dezember 1866, MEW, Bd. 31, S. 593

83 Jenny Marx an Wilhelm Liebknecht, 26. Mai 1872, MEW, Bd. 33, S. 702

84 Karl Marx an Jenny Marx, 11. Juni 1852, MEGA III, 5, S. 131

85 Karl Marx an Friedrich Engels, 12. Januar 1855, MEW, Bd. 28, S. 422

86 Karl Marx an Friedrich Engels, 17. Januar 1855, MEW, Bd. 28, S. 423

87 Karl Marx an Friedrich Engels, 12. April 1855, MEW, Bd. 28, S. 442

88 Ebd., S. 444

89 Jenny Marx, Mohr und General, S. 219

90 Ebd., S. 220

91 Ebd.

92 Karl Marx an Friedrich Engels, 27. Februar 1852, MEGA III, 5, S. 60

93 Karl Marx an Friedrich Engels, 10. April 1856, MEW, Bd. 29, S. 40

94 Karl Marx an Friedrich Engels, 21. Juni 1854, MEW, Bd. 28, S. 371

95 Karl Marx an Friedrich Engels, 22. Februar 1858, MEW, Bd. 29, S. 285

96 Karl Marx an Jenny Marx, 21. Juni 1856, MEW, Bd. 29, S. 532 ff.

97 Karl Marx an Friedrich Engels, 1. August 1856, MEW, Bd. 29, S. 67

98 Jenny Marx, in: Archiv für Sozialgeschichte II. Band, Hannover 1962, S. 177

99 Jenny Marx, Mohr und General, S. 221

100 Ebd., S. 221 f.

101 Ebd., S. 224

102 Ebd., S. 222 f.

103 Ebd., S. 223

104 Karl Marx an Friedrich Engels, 16. Juni 1857, MEW, Bd. 29, S. 156

105 Karl Marx an Friedrich Engels, 25. Mai 1859, MEW; Bd. 29, S. 442

106 Vogt, Karl Christoph, »Mein Prozeß gegen die Allgemeine Zeitung«, Genf 1859, S. 151 f.

107 Jenny Marx, Mohr und General, S. 227

108 Karl Marx an Antoinette Philips, 13. April 1861, MEW, Bd. 30, S. 594

109 Karl Marx an Antoinette Philips, 24. März 1861, MEW, Bd. 30, S. 590

110 Jenny Marx an Friedrich Engels, Anfang April 1861, MEW, Bd. 30, S. 687

111 Jenny Marx an Ferdinand Lassalle, April 1861, in: Ferdinand Lassalle, »Nachgelassene Briefe und Schriften«, Bd. 3, »Der Briefwechsel zwischen Lassalle und Marx«, Berlin 1922, S. 354

112 Karl Marx an Lion Philips, 6. Mai 1861, MEW, Bd. 30, S. 601

113 Jenny Marx an Ferdinand Lassalle, 5. Mai 1861, in: Ferdinand Lassalle, op. cit., S. 359

114 Karl Marx an Ferdinand Lassalle, 28. April 1862, MEW, Bd. 30, S. 622

115 Karl Marx an Friedrich Engels, 20. August 1862, MEW; Bd. 30, S. 280

116 Karl Marx an Friedrich Engels, 30. Juli 1862, MEW, Bd. 30, S. 257

117 Jenny Marx, Mohr und General, S. 229

118 Friedrich Engels an Karl Marx, 7. Januar 1863, MEW, Bd. 30, S. 309

119 Karl Marx an Friedrich Engels, 8. Januar 1863, MEW, Bd. 30, S. 310

120 Ebd.

121 Friedrich Engels an Karl Marx, 13. Januar 1863, MEW, Bd. 30, S. 312

122 Karl Marx an Friedrich Engels, 24. Januar 1863, MEW, Bd. 30, S. 314

123 Karl Marx an Friedrich Engels, 28. Januar 1863, MEW, Bd. 30, S. S. 319

124 Friedrich Engels an Karl Marx, 26. Januar 1863, MEW, Bd. 30, S. 317

125 Karl Marx an Friedrich Engels, 28. Januar 1863, MEW, Bd. 30, S. 322

126 Ebd., S. 323

127 Jenny Marx an Friedrich Engels, Anfang November 1863, MEW, Bd. 30, S. 691

128 Karl Marx an Jenny Marx, 15, Dezember 1863, MEW, Bd. 30, S. 643

129 Jenny Marx an Karl Marx, Dezember/Januar 1863–64, D 3309 IISG Amsterdam

130 Ebd.

131 Jenny Marx, Mohr und General, S. 231

132 Karl Marx an Lion Philips, 25. Juli 1864, MEW, Bd. 30, S. 665

133 Karl Marx an Friedrich Engels, 4. Juli 1864, MEW, Bd. 30, S. 417

134 Jenny Marx, Mohr und General, S. 232

135 Wilhelm Liebknecht, Karl Marx zum Gedächtnis, in: Mohr und General, S. 103 ff.

136 Friedrich Leßner, Erinnerungen eines Arbeiters an Karl Marx, in: Mohr und General, S. 186 f.

137 Otto von Bismarck, Rede im Deutschen Reichstag am 17. September 1878

138 Karl Marx an Friedrich Engels, 7. September 1864, MEW, Bd. 30, S. 432

139 Friedrich Engels an Karl Marx, 4. September 1864, MEW, Bd. 30, S. 429

140 Karl Marx an Antoinette Philips, 18. März 1866, MEW, Bd. 31, S. 504

141 Jenny Marx an Frau Liebknecht, Mai 1865, IISG Amsterdam

142 Karl Marx an Friedrich Engels, 9. August 1865, MEW, Bd. 31, S. 139

143 Karl Marx an Friedrich Engels, 31. Juli 1865, MEW, Bd. 31, S. 131 f.

144 Karl Marx an Friedrich Engels, 24. April 1867, MEW, Bd. 31, S. 290

145 Karl Marx an seine Tochter Laura, 13. Mai 1867, MEW, Bd. 31, S. 548

146 Karl Marx an Friedrich Engels, 24. April 1867, MEW, Bd. 31, S. 290

147 Jenny Marx an Johann Philipp Becker, Oktober 1867, in: »Der Vorbote«, politische und sozialökonomische Zeitschrift. Zentralorgan der Sektionsgruppe deutscher Sprache der Internationalen Arbeiterassociation, Genf 1867, S. 155 f.

148 Karl Marx an Ludwig Kugelmann, 12. Dezember 1868, MEW, Bd. 32, S. 582 f.

149 Karl Marx an Lafargue, 13. August 1866, MEW, Bd. 31, S. 518

150 Ebd.

151 Ebd.

152 »Abgeschmacktheit«, »Scheiße«, »Der russische Idealismus« ... Marx an Engels, 15. Dezember 1868, MEW; Bd. 32, S. 234

153 Jenny Marx an Ludwig Kugelmann, 19. November 1870, in: Archiv für Sozialgeschichte, Hannover 1962, S. 229 bzw. S. 232

154 Karl Marx an Friedrich Engels, 15. Dezember 1868, MEW, Bd. 32, S. 234

155 Karl Marx an Ludwig Kugelmann, 18. Juni 1871, MEW, Bd. 33, S. 238

156 Jenny Marx über Gustave Flourens, in: Archiv für Sozialgeschichte, Hannover 1962, S. 245 f.

157 Ebd.

158 Sechs Jahre nach dem Tod von Marx wurde 1889 die II. Internationale gegründet. Dort wurde über die richtige Interpretation von Marx' Denken kontrovers debattiert: War Marx der Meinung, der Sozialismus lasse sich in den entwickelten Ländern auf demokratischem Weg oder vielmehr durch Gewalt und Diktatur verwirklichen? Die Debatte über diese Frage wurde lange geführt. Bei Ausbruch des ersten Weltkrieges verschwand die II. Internationale von der Bildfläche. Die III. Internationale, unter dem Namen Komintern bekannt, wurde 1919 gegründet; sie vertrat im Namen von Marx die Lösung vermittels Gewalt.

159 Brief von Tussy an ihren Vater, 23. März 1874, in: Ivonne Kapp, Eleanor Marx, New York 1972, S. 153

160 Karl Marx an Ludwig Kugelmann, 4. August 1874, MEW, Bd. 33, S. 637

161 «Demokratischer Klimbim«

162 Karl Marx an Jenny Longuet, Ende August/Anfang September 1876, MEW, Bd. 34, S. 193

163 Karl Marx an Jenny Longuet, 7. Dezember 1881, MEW, Bd. 35, S. 241

164 Aus dem Französischen. Vgl. F. Giroud, op. cit., S. 225

165 Die Grabrede von Engels wurde auf Englisch vorgetragen. Wir haben das Zitat aus dem Französischen übersetzt. Vgl. F. Giroud, op. cit., S. 225f.

166 Karl Marx an Friedrich Engels aus Algier, 1. März 1882, MEW, Bd. 35, S. 46

167 Friedrich Engels an Sorge, 5. November 1890, MEW, Bd. 37, S. 498

ANHANG

Eine erstaunliche Verwechslung*

Von Boris Rudjak, Moskau 1988

Seit seiner Gründung widmet das Institut für Marxismus-Leninismus beim ZK der KPdSU neben der Sammlung und editorischen Erschließung des literarischen Nachlasses von Karl Marx und Friedrich Engels auch der Suche und Bewahrung von Dokumenten über ihr Leben und Wirken beträchtliche Aufmerksamkeit. Besonders wertvoll sind die überlieferten Photographien von Marx, Engels und ihren Familienangehörigen.[1] Obwohl seit jeher ein besonderes Interesse für diese Dokumente besteht, bedürfen die näheren Umstände der Entstehung und Überlieferung einiger dieser Photographien weiterer Erforschung, da sie oft bisher mit unterschiedlichen Daten, zum

Photo 1: Gertrud Kugelmann Ende der 60er Jahre des 19. Jh.

---

* Boris Rudjak: Ošibku neobchodimo isparit'. In: Nauka i Zisn'. Moskva (1988) 12, S. 26–29. – Die vom Verfasser autorisierte Übersetzung und redaktionelle Bearbeitung besorgten A. Jaroslawski und V. Külow.

Photo 2: Gertrud Kugelmann Ende der 60er Jahre des 19. Jh.

Teil seitenverkehrt oder sogar mit falscher Unterschrift veröffentlicht wurden. Der folgende Artikel stellt vier Aufnahmen aus dem Familienalbum vor (Nr. 1–4), das von Marx' Urenkel Frederic Longuet in Paris aufbewahrt worden war. Im September 1963 hatte er dieses Album, das 126 Photographien enthält, bei einem Besuch der Sowjetunion dem Institut für Marxismus-Leninismus beim ZK der KPdSU übergeben. Das Album hatte seiner Großmutter Jenny Longuet, Marx' ältester Tochter gehört. Die Aufnahmen zeigen neben Mitgliedern der Familie Marx auch zahlreiche Freunde und Bekannte. Auf der Rückseite einiger Photos befinden sich Widmungen bzw. Vermerke mit Angabe des Namens. Die Zuordnung der vier erwähnten Bilder war von Frederic Longuet vorgenommen worden. Nach seiner Darstellung ist auf den ersten beiden Photographien (Nr. 1 und 2) Marx' Frau Jenny und auf den beiden anderen (Nr. 3 und 4) seine älteste gleichnamige Tochter im Alter von etwa zehn Jahren abgebildet. Im Zusammenhang mit der Untersuchung des Familienalbums wurden die Bildunterschriften bereits bekannter Aufnahmen von Mitgliedern der Familie Marx korrigiert. Im Band 28 der zweiten Marx-Engels-

Werkausgabe in russischer Sprache, der kurz vor der Übergabe des Albums erschien, war Photo 5 mit der Bildunterschrift abgedruckt: Jenny, die älteste Tochter von Marx, zusammen mit der Hausangestellten und treuen Freundin der Familie Marx Helene Demuth.[2] Dieses Bild wird seit den zwanziger Jahren im Institut für Marxismus-Leninismus aufbewahrt, und es ist nicht bekannt, von wessen Hand dieser Vermerk stammt. Da Longuets Album eine ähnliche Photographie ent-

Photos 3 und 4: Franziska Kugelmann Ende der 60er Jahre des 19. Jh.

hielt, von der er behauptete, daß sie Marx' Frau darstelle, wurde in den folgenden Ausgaben die Unterschrift des entsprechenden Bildes geändert. Bei der Zusammenstellung von Illustrationen für eine neue Publikation über Marx' Leben und Werk nahm ich die Originale dieser fünf Photographien unlängst erneut zur Hand. Es fiel mir dabei auf, daß sie alle in

Hannover aufgenommen worden waren. In dieser Stadt hatte bekanntlich Ludwig Kugelmann, der enge Freund und Kampfgefährte von Marx und Engels, gewohnt.[3]

Als Marx im Frühjahr 1867 das Manuskript des Ersten Bandes des »Kapitals« zur Drucklegung nach Deutschland brachte, war er etwa einen Monat bei ihm zu Gast. Zwei Jahre

Photo 5: Gertrud und Franziska Kugelmann Ende der 60er Jahre des 19. Jh.

später, im September und Oktober 1869, hielt sich Marx mit seiner ältesten Tochter Jenny wiederum für längere Zeit in Hannover auf. Angaben zu den

Photo 6: Gertrud und Franziska Kugelmann im Jahre 1860

Beziehungen zwischen Marx und Kugelmann enthalten neben der überlieferten Korrespondenz auch die Erinnerungen seiner Tochter Franziska (1858 bis etwa 1930), die sie auf Bitten des Marx-Engels-Instituts verfaßt hatte. In diesen Aufzeichnungen werden die zwei Besuche von Marx in Hannover – Franziska war damals neun bzw. elf

Jahre alt – ausführlich beschrieben. Aus ihrem Briefwechsel mit dem Marx-Engels-Institut in den Jahren 1928–1930 erfahren wir auch, daß ihr Vater eine Photosammlung von Persönlichkeiten der internationalen Arbeiterbewegung angelegt hatte, in der die Porträts von Marx und Engels einen Ehrenplatz einnahmen. Auf der Rückseite dieser Aufnahmen befinden sich Widmungen und Datierungen von seiner Hand. Die Sammlung enthält u. a. Bilder von Marx aus den Jahren 1861, 1866, 1869 und 1872 sowie von Engels aus den Jahren 1868/1869 und 1888, die Franziska dem Institut Ende der zwanziger Jahre übergab. Offenbar schickte sie seinerzeit auch die Photographie der Frau mit dem Mädchen (Nr. 5). Bei aufmerksamer Betrachtung kann man auf der Rückseite die Bleistiftinschrift »Ende Aug. 1869« erkennen. Vergleicht man diesen Vermerk mit Kugelmanns Handschrift und seinen Notizen auf anderen Photographien erweist sich, daß er von ihm stammt. Somit entstand das Photo Nr. 5 im August 1869 und das eingetragene Firmenzeichen des Photoateliers (»Wilhelm Ernst. Photogr. Atelier. Hannover. Anger. Str. 13a«) liefert einen zusätzlichen Beweis, daß es in Hannover aufgenommen worden war.

Das Bild zeigt ein etwa zehnjähriges Mädchen, das nicht Jenny Marx darstellen kann, die zu diesem Zeitpunkt ja bereits 25 Jahre alt war. Vielmehr lag die Vermutung nahe, daß die Photographie Franziska Kugelmann und ihre Mutter Gertrud abbildet.

Die Bilder Nr. 1–4 sind ebenfalls in Hannover und ungefähr zur gleichen Zeit oder etwas früher aufgenommen worden. Damit erwies sich, daß die Photos Nr. 1 und 2 nicht Marx' Frau und Nr. 3 und 4 keinesfalls seine Tochter Jenny porträtieren.

Für die endgültige Zuordnung der Bilder waren jedoch weitere Angaben erforderlich. Über das Institut für Marxismus-Leninismus beim ZK der SED erhielten wir vom Historischen Museum der Stadt Hannover eine Photographie aus dem Jahre 1860, auf der Frau und Tochter von Ludwig Kugelmann dargestellt sind (Nr. 6). Dieses Porträt zeigt die gleichen Personen wie die Abbildung Nr. 5.

Gleichzeitig wurde auch in unseren Archiven die Suche fortgesetzt. In den Beständen des Moskauer Marx-Engels-Museums wurden Photos von Ludwig und Gertrud Kugelmann gefunden, auf deren Rückseite sich folgender handschriftlicher Vermerk von Franziska Kugelmann befindet: »Mein Vater«, »Meine Mutter«. Damit erwiesen sich die von Frederic Longuet vorgenommenen Zuordnungen als Irrtümer. Die neuen Angaben erlauben die eindeutige Schlußfolgerung, daß auf den Photographien Nr. 1–5 Gertrud und Franziska Kugelmann abgebildet sind.

Anmerkungen

1 Siehe Boris Rudjak: Die Photographien von Friedrich Engels im Zentralen Parteiarchiv des Instituts für Marxismus-Leninismus beim ZK der KPdSU. In: Marx-Engels-Jahrbuch 4, Berlin 1981, S. 431–445 und Die Photographien von Karl Marx im Zentralen Parteiarchiv des Instituts für Marxismus-Leninismus beim ZK der KPdSU. In: Marx-Engels-Jahrbuch 6, Berlin 1983, S. 293–310.
2 Siehe Sočinenija 2, T. 28, zwischen S. 368/369.
3 Siehe Martin Hundt: Ludwig Kugelmann. Eine Biographie des Arztes und Freundes von Karl Marx und Friedrich Engels. Berlin 1974.

Abb. 1 Karl Marx und Jenny von Westphalen in Trier. Portrait eines chinesischen Künstlers.

Abb. 2 Baron Ludwig von Westphalen, Jennys Vater.

Abb. 3 Caroline von Westphalen, geb. Heubel, Jennys Mutter.

Abb. 4 Jenny im Alter von ungefähr 25 Jahren. Portrait.

Abb. 5 Gertrud Kugelmann. Eine Freundin der Familie Marx aus Hannover. Dieses Photo wurde bisher fälschlicherweise für eine Aufnahme Jennys gehalten und in einschlägigen Jenny-Marx-Biographien reproduziert. (Vgl. den Beitrag von Boris Rudjak im Anhang)

Abb. 6 Karl Marx im Alter von ungefähr 30 Jahren.

Abb. 7 Edgar von Westphalen, Jennys Bruder.

Abb. 8 Ferdinand von Westphalen, Jennys Halbbruder.

Abb. 9 Tochter Jenny (Jennychen). Sie starb mit 39 Jahren an Krebs.

Abb. 10 Tochter Laura. Beging zusammen mit ihrem Mann, dem Arzt Paul Lafargue, im Alter von 66 Jahren Selbstmord.

Abb. 11 Tochter Eleanor. Sie begeht mit 42 Jahren Selbstmord.

Abb. 12 Sohn Edgar, genannt »Musch«, im Alter von drei Jahren. Ein Brief an seine Mutter. Er stirbt wenige Zeit später.

Abb. 13 Karl Marx mit Tochter Jenny.

Abb. 14 Die Töchter Jenny und Laura.

Abb. 15 Helene Demuth, geb. 1821, gest. 1890, genannt Lenchen, war die Haushälterin in der Familie Marx. Hier im Alter von ca. 30 Jahren.

Abb. 16 Lenchen im Alter.

Abb. 17 Karl Marx und Friedrich Engels hinter den drei Mädchen Jenny, Eleanor und Laura.

Abb. 18 Heinrich Heine.

Abb. 19 Ferdinand Lassalle.

Abb. 20 Fernand Flocon.

Abb. 21 Wilhelm Liebknecht.

Abb. 22 Gustave Flourens.

Abb. 23 Michail Alexandrowitsch Bakunin.

Abb. 24 Karl Marx mit zwei Gendarmen bei seiner Verhaftung 1848 in Brüssel.

Abb. 25 Marx' erste Wohnung in London, in der Dean Street, Mai 1850 – Oktober 1856.

Abb. 26 Jennys Geburtshaus in Salzwedel.

Abb. 27 Grafton Terrace 9, die zweite Wohnung der Familie Marx, ab Oktober 1856.

Abb. 28 Modena Villas 1, die dritte Londoner Wohnung von Marx, ab März 1864.

Abb. 29/30 Karl Marx und Friedrich Engels im Alter von etwa 40 Jahren.

Abb. 31 Der Grabstein von Jenny und Karl Marx auf dem Highgate Cemetery.

Régine Pernoud im dtv

Foto: Irmeli Jung

Königin der Troubadoure
Eleonore von Aquitanien.
Ein lebendiges Bild aus dem
Frankreich des Mittelalters:
Leben und Zeit der schönen und
klugen Königin von Frankreich.
dtv 30042

Herrscherin in bewegter Zeit
Blanca von Kastilien,
Königin von Frankreich,
Königin Blanche, die Enkelin
der Eleonore von Aquitanien,
lenkte die Geschicke ihres
Landes mit sicherer Hand durch
die Turbulenzen der ersten
Hälfte des 13. Jahrhunderts.
dtv 30359

Heloise und Abaelard
Ein Frauenschicksal im
Mittelalter. Die Liebes- und
Lebensgeschichte des mittelalterlichen Philosophen, der Ent-
scheidendes der Frau in
seinem Schatten verdankte.
dtv 30394

Christine de Pizan
Das Leben einer außergewöhn-
lichen Frau und Schriftstellerin.
Vor dem Hintergrund des aus-
gehenden Mittelalters erzählt
Régine Pernoud das Leben der
französischen Schriftstellerin,
die als erste Feministin in die
Geschichte eingegangen ist.
dtv 30086

Die Heiligen im Mittelalter
Frauen und Männer, die ein
Jahrtausend prägten.
Mit einem Kapitel über die
deutschen Heiligen im
Mittelalter von Klaus Herbers.
Leben, Wirken und Leiden jener
Frauen und Männer des
Mittelalters, die als Heilige bis
heute verehrt werden.
dtv 30441

MannsBilder im dtv

**Absender:
Dein Sohn**
Briefe an den Vater
Herausgegeben von
Wilfried Wieck
dtv 30466

Philip Roth:
**Mein Leben
als Sohn**
Eine wahre
Geschichte
dtv 11965

Klaus Theweleit:
Männerphantasien
Band 1:
**Frauen, Fluten,
Körper, Geschichte**
dtv 30461
Band 2:
**Männerkörper –
zur Psychoanalyse
des weißen Terrors**
dtv 30462

**MannsBilder von
Frauen**
dtv 11720

**MannsBilder von
Männern**
dtv 11721

Camille Paglia:
**Die Masken der
Sexualität**
dtv 30454

Esther Vilar:
**Der dressierte
Mann
Das polygame
Geschlecht
Das Ende der
Dressur**
dtv 30072

David G. Gilmore:
**Mythos Mann
Wie Männer
gemacht werden**
Rollen, Rituale,
Leitbilder
dtv 30354

Wassilios E.
Fthenakis:
Väter
Band 1:
**Zur Psychologie
der Vater-Kind-
Beziehung**
Band 2:
**Kind-Beziehung in
verschiedenen
Familienstrukturen**
dtv 15046

Peter Schellenbaum:
**Homosexualität
im Mann**
Eine tiefenpsychologische Studie
dtv 35079

Loren E. Petersen:
**Das Weibliche
im Mann**
Eine Psychologie
des Mannes
dtv 35083

Marion Gräfin Dönhoff im dtv

Namen die keiner mehr nennt
Ostpreußen –
Menschen und Geschichte
»Dieses Buch unterscheidet sich
höchst wohltuend von vielen sentimentalen Traktaten über die verlorenen Ostgebiete... Natürlich
spürt man, daß die Gräfin Dönhoff
mit allen Fasern ihres Herzens an
dem Land hängt, in das ihre Vorfahren vor 700 Jahren gekommen
waren... Aber sie weiß auch, daß
diese 700 Jahre deutscher Kultur in
Ostpreußen unwiederbringlich verloren sind – verloren durch deutsche
Schuld.« (Nordd. Rundfunk)
dtv 30079

Weit ist der Weg nach Osten
Berichte und Betrachtungen aus
fünf Jahrzehnten
Von der Ära Stalins bis zu der
Gorbatschows, von der starren
Unbeweglichkeit des sowjetischen
Systems bis zu »Glasnost« und
»Perestrojka« hat Gräfin Dönhoff
die Beziehungen der Bundesrepublik zur UdSSR und ihren Satellitenstaaten mit ihren Kommentaren
begleitet. Sie hat, aus der Beobachter-Position heraus, Veränderungen
wahrgenommen, die eine Reaktion
des Westens, eine Neueinstellung
seiner Politik möglich gemacht
hätten: Stalins Tod etwa oder die
Ereignisse in Ungarn, Jugoslawien,
Polen, der Führungswechsel in
Ost-Berlin und nicht zuletzt der
in Moskau selbst. dtv 30044

Philosophie für Anfänger im dtv

Hilfreiche Wegbegleiter für den Einstieg in eine faszinierende, aber nicht leicht zugängliche Lektüre

Kant für Anfänger Die Kritik der reinen Vernunft
Eine Lese-Einführung
von Ralf Ludwig
Originalausgabe
dtv 4662

Kant für Anfänger Der kategorische Imperativ
Eine Lese-Einführung
von Ralf Ludwig
Originalausgabe
dtv 4663

Nietzsche für Anfänger
Also sprach Zarathustra
Eine Lese-Einführung
von Rüdiger Schmidt
und Cord Spreckelsen
Originalausgabe
dtv 4664

Deutsche Geschichte
der neuesten Zeit

Originalausgaben,
herausgegeben von
Martin Broszat,
Wolfgang Benz und
Hermann Graml in
Verbindung mit dem
Institut für Zeit-
geschichte, München

Richard H. Tilly:
**Vom Zollverein
zum Industriestaat**
Die wirtschaftlich-
soziale Entwicklung
Deutschlands 1834
bis 1914
dtv 4506

Peter Burg:
Der Wiener Kongreß
Der Deutsche Bund
im europäischen
Staatensystem
dtv 4501

Wolfgang Hardtwig:
Vormärz
Der monarchische
Staat und das
Bürgertum
dtv 4502

Hagen Schulze:
**Der Weg zum
Nationalstaat**
Soziale Kräfte und
nationale Bewegung
dtv 4503

Michael Stürmer:
Die Reichsgründung
Deutscher National-
staat und europäisches
Gleichgewicht im
Zeitalter Bismarcks
dtv 4504

Wilfried Loth:
Das Kaiserreich
Obrigkeitsstaat
und politische
Mobilisierung
dtv 4505

Helga Grebing:
Arbeiterbewegung
Sozialer Protest und
kollektive Interessen-
vertretung bis 1914
dtv 4507

Hermann Glaser:
**Bildungsbürgertum
und Nationalismus**
Politik und Kultur
im Wilhelminischen
Deutschland
dtv 4508

Michael Fröhlich:
Imperialismus
Deutsche Kolonial-
und Weltpolitik
1880 – 1914
dtv 4509

Gunther Mai:
**Das Ende des
Kaiserreichs**
Politik und
Kriegsführung im
Ersten Weltkrieg
dtv 4510

Klaus Schönhoven:
**Reformismus und
Radikalismus**
Gespaltene
Arbeiterbewegung im
Weimarer Sozialstaat
dtv 4511

Horst Möller:
Weimar
Die unvollendete
Demokratie
dtv 4512

Peter Krüger:
Versailles
Deutsche Außen-
politik zwischen
Revisionismus und
Friedenssicherung
dtv 4513

Corona Hepp:
Avantgarde
Moderne Kunst,
Kulturkritik und
Reformbewegungen
nach der Jahrhundert-
wende
dtv 4514

Deutsche Geschichte der neuesten Zeit

Fritz Blaich:
Der Schwarze Freitag
Inflation und
Wirtschaftskrise
dtv 4515

Martin Broszat:
Die Machtergreifung
Der Aufstieg der
NSDAP und die
Zerstörung der
Weimarer Republik
dtv 4516

Norbert Frei:
Der Führerstaat
Nationalsozialistische
Herrschaft 1933 bis
1945
dtv 4517

Bernd-Jürgen Wendt:
Großdeutschland
Außenpolitik und
Kriegsvorbereitung
des Hitler-Regimes
dtv 4518

Hermann Graml:
Reichskristallnacht
Antisemitismus und
Judenverfolgung im
Dritten Reich
dtv 4519

Hartmut Mehringer:
**Emigration und
Widerstand**
Das NS-Regime
und seine Gegner
dtv 4520 (i. Vorb.)

Lothar Gruchmann:
Totaler Krieg
Vom Blitzkrieg
zur bedingungslosen
Kapitulation
dtv 4521

Wolfgang Benz:
Potsdam 1945
Besatzungsherrschaft
und Neuaufbau
dtv 4522

Wolfgang Benz:
**Die Gründung der
Bundesrepublik**
dtv 4523

Dietrich Staritz:
**Die Gründung der
DDR**
Von der sowjetischen
Besatzungsherrschaft
zum sozialistischen
Staat
dtv 4524

Kurt Sontheimer:
Die Adenauer-Ära
Grundlegung der
Bundesrepublik
dtv 4525

Manfred Rexin:
**Die Deutsche
Demokratische
Republik**
dtv 4526 (i. Vorb.)

Ludolf Herbst:
**Option für den
Westen**
Vom Marshallplan
bis zum deutsch-
französischen Vertrag
dtv 4527

Peter Bender:
**Die »Neue
Ostpolitik« und
ihre Folgen**
Vom Mauerbau bis
zur Vereinigung
dtv 4528

Thomas Ellwein:
Krisen und Reformen
Die Bundesrepublik
seit den sechziger
Jahren
dtv 4529

Helga Haftendorn:
**Sicherheit und
Stabilität**
Außenbeziehungen
der Bundesrepublik
zwischen Ölkrise und
NATO-Doppel-
beschluß
dtv 4530